Sabores, cores, sons, aromas

H813s   Horn, Maria da Graça Souza
        Sabores, cores, sons, aromas : a organização dos espaços
    na educação infantil / Maria da Graça Souza Horn. – Porto Alegre
    : Artmed, 2004.

        ISBN 978-85-363-0320-8

        1. Educação Infantil – Organização – Espaços – I. Título.

    CDU 372.32

Catalogação na publicação: Mônica Ballejo Canto – CRB 10/1023

Sabores, cores, sons, aromas

A ORGANIZAÇÃO DOS ESPAÇOS NA EDUCAÇÃO INFANTIL

Maria da Graça Souza Horn

Pedagoga. Doutora em Educação pela
Universidade Federal do Rio Grande do Sul

Reimpressão 2007

2004

© Artmed Editora S.A., 2004

Capa:
Ângela Fayet Programação Visual

Preparação do original
Márcia da Silveira Santos

Leitura final
Rubia Minozzo

Supervisão editorial
Mônica Ballejo Canto

Projeto gráfico e editoração eletrônica
Alexandre Müller Ribeiro

Reservados todos os direitos de publicação, em língua portuguesa, à
ARTMED® EDITORA S.A.
Av. Jerônimo de Ornelas, 670 - Santana
90040-340 Porto Alegre RS
Fone (51) 3027-7000 Fax (51) 3027-7070

É proibida a duplicação ou reprodução deste volume, no todo ou em parte, sob quaisquer
formas ou por quaisquer meios (eletrônico, mecânico, gravação, fotocópia, distribuição na
Web e outros), sem permissão expressa da Editora.

SÃO PAULO
Av. Angélica, 1091 - Higienópolis
01227-100 São Paulo SP
Fone (11) 3665-1100 Fax (11) 3667-1333

SAC 0800 703-3444

IMPRESSO NO BRASIL
PRINTED IN BRAZIL

Para Renato Souza,
por muitas histórias que não escreveu...

"Calvino, em seu livro Lições americanas, *diz que a fantasia é um lugar onde chove. Eu acredito que também a educação seja, metaforicamente, um lugar onde chove. É um lugar onde chove um pouco de tudo; um lugar aberto, sem proteção, onde chovem falas, ações, pensamentos, memórias, conhecimentos, amores, emoções, ideais, paixões, fadigas, amarguras, alegrias.*

A educação é um lugar onde há riscos; é um lugar descoberto, exposto à imprevisibilidade do tempo, onde crianças e professores podem até se molhar, transformando-se em um lugar desconfortável, úmido, mas cheio de aventura, verdadeiro, intenso, fascinante" (Spaggiariem Rabbitti, 1999).

Ao leitor deste trabalho, o esforço de tornar apaixonante e intenso o texto que escrevi...

PREFÁCIO

O texto de Maria da Graça é marcado pela intenção, anunciada no início do livro, de fazer um esforço para torná-lo apaixonado e intenso.

Quem conhece Graça sabe que ela é uma educadora intensa e apaixonada, antes de tudo, pela vida e, conseqüentemente, pela educação.

Foi da paixão pela vida que esse texto brotou.

O espaço não é algo que emoldure, não é simplesmente físico, mas atravessa as relações, ou melhor, é parte delas. E é sobre relações que se fala quando o assunto é educação. O professor é um mediador de diferentes relações: entre as crianças e o saber, entre as crianças e o mundo que as cerca, entre elas mesmas, entre elas e o mundo imediato, etc. A noção de mediação não é simples. Não significa que o professor está "no meio de todas as relações", ou que elas não ocorram sem ele, mas que ele intervém e organiza o ambiente para que as relações e as aprendizagens possam ser otimizadas. Conforme é demonstrado com muita clareza no texto da tese, agora transformada em livro, a organização do espaço da sala de aula e da escola expressam concepções ora autoritárias, ora democráticas, ora centradas no professor, ora no grupo de alunos e na interlocução com eles. Assim, o espaço não é algo dado, mas deve ser construído como uma dimensão do trabalho pedagógico. A educação tradicional "adultocêntrica" cede lugar à visão contemporânea da criança como protagonista, interlocutora qualificada do adulto e das outras crianças, como alguém que vive o próprio tempo e não está simplesmente à espera de viver um tempo futuro que lhe seria "ensinado" pelo adulto.

A superação da postura adultocêntrica não elimina o papel do professor; ao contrário, reforça-o como um ator consciente das possibilidades e das necessidades infantis. Não se trata apenas de dar informações e moldar comportamentos, mas de criar condições ricas e diversificadas para que cada criança trilhe seu caminho e desenvolva suas possibilidades. Trata-se de trabalhar o grupo e seu contexto, respeitando as diferenças sem perder a visão do todo.

A autora utiliza-se da visão de Urie Brofenbrenner (1996), para quem o desenvolvimento humano se dá *em um meio ambiente ecológico concebido topologicamente por estruturas que são chamadas de micro, meso, exo e macrossistema;* portanto, não se explica apenas pela realidade imediata.

O desenvolvimento humano é tomado na perspectiva de Henri Wallon (1989), para quem o meio é essencial em dois sentidos: como ambiente (*millieu*) e como instrumento (*moyem*) do desenvolvimento humano. Essa visão é dinamizada pela concepção de "Rede de Significações", de Clotilde Rossetti-Ferreira (2004),* a qual introduz a dimensão semiótica e permite articular, de forma dinâmica, as diferentes dimensões do desenvolvimento humano, resultado de interações próximas e distantes tanto no espaço como no tempo humano vivido.

A autora explicita, de forma didática, o processo de transformação vivenciado pelas professoras através de mudanças introduzidas na organização do espaço e de novas interações e reflexões realizadas por elas sob a coordenação da supervisora pedagógica, deixando claro que há de educar o educador para que ele eduque seus alunos. Novas formas de interagir só se constroem com novas interações, ou seja, jamais resultarão de orientações prontas meramente transmitidas.

Maria da Graça consegue demonstrar com clareza essa nova perspectiva, introduzida na experiência que analisou, por ser uma verdadeira educadora, isto é, por ser capaz de viver essa perspectiva na sua prática pedagógica. Ela é uma verdadeira educadora, porque ama a vida e foi na luta pela vida que construiu este belo trabalho. Agradeço a ela a oportunidade de ter participado e vivido essa aventura.

Carmem Maria Craidy
Doutora em Educação. Professora
do Pós-Graduação da Faculdade
de Educação da UFRGS

---

* Rossetti-Ferreira, M. C. *et al. Rede de Significações e o desenvolvimento humano.* Porto Alegre: Artmed, 2004.

SUMÁRIO

PREFÁCIO ix

1 A SOLIDÁRIA PARCERIA ENTRE ESPAÇO E EDUCADOR 13

2 PASSOS DO ESPAÇO NA TRAJETÓRIA DA EDUCAÇÃO INFANTIL 23

3 INQUIETAÇÕES DE UMA EDUCADORA 39

4 TESTEMUNHOS DA MUDANÇA: ANOTAÇÕES E REGISTROS 51
- PRIMEIRAS CONSTATAÇÕES 51
  - Como as crianças brincam:
    os jogos que não são jogados 55
  - A palavra das professoras:
    evidências de uma concepção pedagógica 61
  - Estratégias da coordenação pedagógica:
    primeiros encontros hospitaleiros 65
- AS RUPTURAS COM O CONHECIDO 68
  - Como as crianças brincam:
    protagonizando enredos 70
  - A palavra das professoras:
    as modificações no plano das idéias 72
  - Estratégias da coordenação:
    os vínculos se estabelecem 78
- A DIVERSIDADE NAS TRAJETÓRIAS 82
  - Como as crianças brincam:
    a interação em cantos temáticos 84

     – A palavra das professoras:
     ação e reflexão das idéias 87
     – Estratégias da coordenação:
     concretizando proposta 90
  • CONCRETIZANDO MUDANÇAS: MARCAS SIGNIFICATIVAS 95
     – Como as crianças brincam:
     os jogos que são jogados nos espaços criados 98
     – A palavra das professoras:
     evidências de mudanças de uma concepção pedagógica 102
     – Estratégias da coordenação:
     valorizando as trajetórias 106

5 DAS VIVÊNCIAS... ALGUMAS CERTEZAS 113

REFERÊNCIAS BIBLIOGRÁFICAS 117

1
A SOLIDÁRIA PARCERIA ENTRE ESPAÇO E EDUCADOR

Inicialmente, é importante considerarmos que, no Brasil, a educação infantil percorreu um longo caminho, o qual, em certos momentos, vinculou-se à saúde em seus pressupostos higienistas; em outros, à caridade e ao amparo à pobreza e, em outros ainda, à educação. Nessa trajetória, toda a política de educação infantil emanada do poder público se caracterizou, de um lado, por um jogo "de empurra" e, de outro, por uma visão acintosamente assistencialista.

Os órgãos públicos, em especial, têm uma tradição de lidar diretamente com grupos organizados da população, reforçando a orientação de guarda às crianças, principalmente em relação à higiene e à alimentação.

Como conseqüência da própria trajetória histórica da educação infantil, diferentes momentos emergiram nas propostas de trabalho desenvolvidas nas instituições de educação infantil no Brasil. A produção científica foi largamente ampliada, e as pesquisas sobre a infância, em suas diferentes dimensões, influenciaram muito o referencial pedagógico para essa etapa de ensino.

Hoje temos um novo ordenamento legal iniciado com a Constituição de 1988 que se desmembra através do Estatuto da Criança e do Adolescente (1990), pela Lei Orgânica da Assistência Social (1993) e pela Lei de Diretrizes e Bases da Educação (LDB, 1996). Como resultado disso, um novo *status* é conferido à criança, garantindo-lhe direitos e tratamento de cidadã. No atual contexto, sem dúvida, a LDB significou um grande avanço nessa área, rompendo com toda normatização até então encontrada no país.

Apesar disso, a expansão da oferta de vagas no país está longe do ideal, persistindo um percentual pequeno de crianças atendidas, sobretudo em creches.

Mesmo considerando essa defasagem entre crianças atendidas e vagas, poderíamos ponderar que, se temos produção científica, se a legislação nos coloca em um patamar nunca antes alcançado, o que está faltando para nossas instituições de ensino realizarem um trabalho de qualidade?

Sabemos que anos e anos de uma prática voltada somente para guarda e para o cuidado, de pouca atenção à formação profissional dos educadores infantis e de um atendimento precário em todos os sentidos não se dissiparão como em um passe de mágica. É chegado o momento de muito trabalho, de muitas modificações, sejam estruturais, sejam pedagógicas.

Neste momento tão crucial para a educação infantil, podemos nos perguntar: Por onde começar? Que caminhos trilhar para dar às crianças de 0 a 6 anos uma educação de qualidade? Qual poderia ser o fio condutor das mudanças?

Na verdade, investir na formação dos profissionais que atuam nessa área é um dos caminhos a serem seguidos. Historicamente, esses educadores, em sua grande maioria, sobretudo os que atendem a demanda das camadas mais empobrecidas da população, têm sua prática ancorada no fato de ter paciência, de gostar de criança, de não ter uma formação profissional, de ter um trabalho próximo às suas casas, etc. Perrenoud (2001) afirma que formar professores, a partir de situações de aprendizagem, deveria ser a meta desses programas, da educação infantil até a universidade, tornando-os profissionais que dominam as habilidades de seu ofício. Tal formação deverá pautar-se na análise das práticas e na reflexão. Esse autor aponta que o desenvolvimento de algumas competências são fundamentais nesse processo, como aprender a ver e a analisar; aprender a ouvir, a escrever, a ler e a explicar; aprender a fazer; aprender a refletir. A precariedade na formação de educadores infantis no Brasil, de modo geral, é de toda a ordem. Vários motivos podem ser apontados, desde os aspectos históricos da trajetória dessa etapa de ensino, já apontados neste capítulo, até a cultura ainda muito forte de que para trabalhar com crianças basta gostar e ter paciência com elas.

Estes dados revelam um cenário geral de precariedades. Um dos aspectos mais evidentes dessa difícil situação diz respeito à organização dos espaços nas instituições de educação infantil, surgindo daí a relevância dessa temática.

O olhar de um educador atento é sensível a todos os elementos que estão postos em uma sala de aula. O modo como organizamos materiais e móveis, e a forma como crianças e adultos ocupam esse espaço e como interagem com ele são reveladores de uma concepção pedagógica. Aliás, o que sempre chamou minha atenção foi a pobreza freqüentemente encontrada nas salas de aula, nos materiais, nas cores, nos aromas; enfim, em tudo que pode povoar o espaço onde cotidianamente as crianças estão e como poderiam desenvolver-se nele e por meio dele se fosse mais bem organizado e mais rico em desafios.

A discussão sobre a importância do espaço no desenvolvimento infantil tem, nas diversas correntes da psicologia, um suporte fundamental. A corrente cognitivista, por exemplo, enfatiza a função desempenhada pelas experiências espaciais primárias na construção das estruturas sensoriais das crianças. Frago (1998) cita como um dos exemplos dessa vertente os estudos piagetianos sobre a psicogênese das estruturas topológicas na infância, nos quais destaca a valorização das primeiras experiências sensoriais na casa e na escola como fatores essenciais do desenvolvimento sensorial, motor e cognitivo. Segundo Piaget (1978), a representação do espaço para a criança é uma construção internalizada a partir das ações e das manipulações sobre o ambiente espacial próximo do qual ela faz parte.

Portanto, não basta a criança estar em um espaço organizado de modo a desafiar suas competências; é preciso que ela interaja com esse espaço para vivê-lo intencionalmente. Isso quer dizer que essas vivências, na realidade, estruturam-se em uma rede de relações e expressam-se em papéis que as crianças desempenham em um contexto no qual os móveis, os materiais, os rituais de rotina, a professora e a vida das crianças fora da escola interferem nessas vivências (Rossetti-Ferreira, 1999).

Os textos disponíveis atualmente sobre organização espacial nas escolas, em especial nas salas de aula, referem-se, na maior parte dos casos, à íntima relação entre as interações sociais das crianças e suas aprendizagens, intermediadas pelo meio onde estão inseridas, cenário desse processo. *Meio* é aqui entendido como o campo onde a criança aplica as condutas de que dispõe. Ao mesmo tempo, é dele que retira os recursos para sua ação (Galvão, 1995).

A discussão acerca da importância do meio no desenvolvimento infantil tem em Wallon (1989) e Vygotsky (1984) seus legítimos representantes. A partir da perspectiva sócio-histórica de desenvolvimento, esses teóricos relacionam afetividade, linguagem e cognição com as práticas sociais, ao discutirem a psicologia humana em seu enfoque psicológico. Desse modo, na visão de ambos, o meio social é fator preponderante no desenvolvimento dos indivíduos.

Na abordagem de Wallon, o conceito de meio e suas implicações no desenvolvimento infantil são fundamentais. Sua concepção sobre esse assunto tem como ponto de partida as contribuições de Darwin, para o qual o ser vivo evolui em sua relação com o meio.

Diferentemente dos animais, ao nascer, a criança é desprovida de meios que lhe possibilitam agir sobre o mundo que a cerca. Nesse rico processo, a mediação do grupo na relação do indivíduo com o meio estrutura relações com o mundo físico e social. Portanto, em alguma medida, é necessário que a mediação humana se interponha entre o indivíduo e o meio físico, e isso ocorre através das pessoas, dos grupos e de todas as relações culturais. Conforme afirma Wallon, qualquer ser humano é biologicamente social desde seu nascimento. Por conseguinte, deve adaptar-se ao meio social, no qual todas as trocas produzidas são a chave para as demais. Assim, entende-se que sozinho o bebê não sobrevive, e que a sobrevivência depende da intermediação de parceiros mais experientes. Em razão disso, o meio assume uma importância significativa, assim como o papel do grupo, podendo-se inferir que os espaços destinados a crianças pequenas deverão ser desafiadores e acolhedores, pois, conseqüentemente, proporcionarão interações entre elas e delas com os adultos. Isso resultará da disposição dos móveis e materiais, das cores, dos odores, dos desafios que, sendo assim, esse meio proporcionará às crianças. À medida que o adulto, nesse caso o parceiro mais experiente, alia-se a um espaço que promova descentração de sua figura e que incentive as iniciativas infantis, abrem-se grandes possibilidades de aprendizagens sem sua intermediação direta. Assim sendo, cada modo de relação com o entorno implica um determinado equilíbrio funcional que, por sua vez, é uma expressão da historicidade tanto da maturação individual como da evolução do meio humano. Logo, o espaço não é algo dado, natural, mas sim construído. Pode-se dizer que o espaço é uma construção social que tem estreita relação com as atividades desempenhadas por pessoas nas instituições.

Sendo assim, entende-se que, para Wallon, a atividade humana é eminentemente social, e a escola é o lugar mais adequado para que essa atividade se desenvolva além do ambiente familiar, por ser um meio, muitas vezes, mais rico, na medida em que é mais diversificado e pode oportunizar às crianças a convivência com outras crianças e com outros adultos além de seus seus pais. Os exercícios da vida em sociedade se iniciam na família e ampliam-se quando a criança começa a freqüentar a escola, a escolher os amigos, a ter a solidariedade do grupo, a enfrentar desavenças. De acordo com esse autor, o grupo social é indispensável à criança não somente para sua aprendizagem social, como também para o desenvolvimento da tomada de consciência de sua própria personalidade. A confrontação com os companheiros lhe permite constatar que é uma entre outras crianças e que, ao mesmo tempo, é igual e diferente delas.

Desse modo, cabe ao adulto organizar sua prática junto às outras crianças, de modo que as relações do grupo possam ocorrer longe das coerções e de um disciplinamento centrado nas normas ditadas por ele. Elas necessitam de espaço para exercerem sua criatividade e para contestarem o que desaprovam. Ao mesmo tempo, é necessário ter a clareza de que, nos primeiros anos de vida, o indivíduo apresenta reações descontínuas e esporádicas que precisam ser completadas e interpretadas. Devido a essa incapacidade, ele é manipulado pelo outro, e é através desse outro que suas atitudes irão adquirir forma. Assim, estabelece-se uma reciprocidade que o acompanhará pelo resto da vida, e, nesse aspecto, a união do sujeito com o ambiente desempenha um papel fundamental. Por isso, em um ambiente sem estímulos, no qual as crianças não possam interagir desde tenra idade umas com as outras, com os adultos e com objetos e materiais diversos, esse processo de desenvolvimento não ocorrerá em sua plenitude.

Considerando que cada estágio do desenvolvimento representa um sistema de comportamentos, é na relação com o ambiente que o indivíduo assume determinadas ações, considerando os recursos e as competências que já desenvolveu.

Podemos afirmar que o referencial teórico de Wallon suscita reflexões pedagógicas significativas. Dada a importância que atribui, por exemplo, à tonicidade muscular e postural, podemos depreender que a organização espacial deverá traduzir-se em um espaço amplo onde as crianças poderão movimentar-se com liberdade. Muitas vezes, na educação infantil, vemos as salas de aula sendo organizadas com mesas e cadeiras ocupando o espaço central, o que impõe às crianças uma "ditadura postural", a qual certamente acarretará problemas de comportamento em algumas delas, pois não se sujeitarão a ficar sentadas por longos períodos de tempo. É importante termos consciência de que as crianças, passando por diferentes estágios de desenvolvimento, terão, por conseguinte, necessidades diversas também em relação ao meio no qual estão inseridas. Quando muito pequena, a criança age diretamente sobre o meio humano, utilizando-se das pessoas para se inserir em seu contexto social. Na medida em que conquista autonomia motora, em que adquire padrões de linguagem mais avançados, conquista recursos cada vez mais refinados para interagir com a cultura e com o mundo que a rodeia. Portanto, enquanto para os pequenos da creche e do maternal as áreas onde podem correr, saltar, rolar são fundamentais, para os maiores que já freqüentam os níveis A e B, esse espaço talvez seja reduzido, dando lugar a outras atividades, como pintar, desenhar, brincar de faz-de-conta e de fazer barraca. Assim, planejar a vivência no espaço implica prever que atividades são fundamentais para a faixa etária a que se destina, adequando a colocação dos móveis e dos objetos que contribuirão para o pleno desenvolvimento das crianças.

Partindo do entendimento de que as crianças também aprendem na interação com seus pares, é fundamental o planejamento de um espaço que dê conta dessa premissa, permitindo que, ao conviver com grupos diversos, a criança assuma diferentes papéis e aprenda a se conhecer melhor.

Por outro lado, também é importante considerar a educação inspirada nos pressupostos de Wallon, que se contrapõe à tradição intelectualista que muito influenciou a pré-escola: nela, o desenvolvimento intelectual é entendido como um processo dissociado do desenvolvimento social e motor. No enfoque desse teórico, a pessoa é vista como um todo, enriquecendo-se com as múltiplas possibilidades do eu. Nesse sentido, uma proposta pedagógica que se alicerça nos pressupostos de Wallon coloca em destaque a estética e a criatividade como alimentos do espírito. Nessa perspectiva, temos outra implicação pedagógica importante que diz respeito diretamente ao modo como organizamos o meio no qual a criança se insere e relaciona-se com outras pessoas. A harmonia das cores, as luzes, o equilíbrio entre móveis e objetos, a própria decoração da sala de aula, tudo isso influenciará na sensibilidade estética das crianças, ao mesmo tempo em que permitirá que elas se apropriem dos objetos da cultura na qual estão inseridas.

O meio social também foi para Vygotsky fator preponderante na construção e no desenvolvimento dos indivíduos. Em sua perspectiva, o desenvolvimento das funções tipicamente humanas é mediado socialmente pelos signos e pelo outro. Desse modo, o sujeito produtor de conhecimento não é um mero receptáculo; é, ao contrário, um sujeito ativo que, em interação com o meio social, constrói e reconstrói o mundo em uma relação dialética. A partir desse entendimento, acreditava que o comportamento das crianças pequenas é fortemente determinado pelas características das situações reais em que se encontram. Assim, nas situações imaginárias vividas pela criança, como a do faz-de-conta, ela é levada a agir no âmbito da zona de desenvolvimento proximal, tendo em vista que se comporta de maneira sempre mais avançada do que na vida real.[1] Nesse processo, a brincadeira aparece como importante promotora de desenvolvimento, constituindo-se em uma atividade em que a criança aprende a atuar em uma esfera cognitiva que depende de motivações internas. Como conseqüência disso, constrói aprendizagens ao desenvolver ações compartilhadas com outras crianças, apropriando-se de um saber construído em uma cultura. A cultura acontece em espaços que retratam seus símbolos e signos, os quais não são criados ou descobertos pelo sujeito, mas por ele apropriados. Tal processo inicia quando a criança nasce e vai se construindo em sua relação com parceiros mais experientes, os quais lhe fornecem determinadas significações. Sua atuação, em situações objetivas, determinam formas de relações sociais e de uso de signos na realização de tarefas presenciais.

Podemos inferir, por meio dessa idéia, que é fundamental a criança ter um espaço povoado de objetos com os quais possa criar, imaginar, construir e, em especial, um espaço para brincar, o qual certamente não será o mesmo para as crianças maiores e menores.

Quando, por exemplo, a criança usa um pedaço de madeira como se fosse um avião, ela se relaciona com a idéia de avião, e não propriamente com o pedaço de madeira que tem em mãos. Na verdade, esse objeto representa uma realidade ausente e auxilia a criança a separar o objeto do significado. Essa vivência é fundamental, já que provê uma situação transitória entre a ação da criança com objetos concretos e suas ações com significados. Isso resultará em uma etapa importante, a qual, no futuro, irá levá-la, a pensar, a se desvincular das situações concretas.

Depreende-se dessa idéia que, quando uma criança vive uma situação imaginária, isso não é algo fortuito; ao contrário disso, evidencia uma manifestação emancipatória da criança em relação às circunstâncias situacionais. Uma implicação pedagógica decorrente disso é a de que "o povoamento" do meio ambiente com objetos e materiais que desafiem a criança no ato de transformar e criar é fundamental para seu desenvolvimento.

Vygotsky (1984) afirma que apesar da relação brincadeira-desenvolvimento poder ser comparada à relação instrução-desenvolvimento, o ato de brincar proporciona um suporte básico para as mudanças das necessidades e da consciência. A atuação da criança no âmbito da imaginação, em uma dada situação imaginária, oportuniza a criação das intenções voluntárias e a formação dos planos da vida real e das motivações da vontade. Nesse sentido, tudo surge ao brincar, o que se constitui, assim, no mais alto nível de desenvolvimento pré-escolar. É através da atividade de brincar que a criança se desenvolve. Somente nessa dimensão a brincadeira pode ser considerada uma atividade condutora que determina o desenvolvimento da criança.

Uma implicação pedagógica importante que emerge destes postulados é a de que, para a criança brincar e exercitar sua capacidade de compreensão e produção de conhecimento, é essencial que haja um espaço de sala de aula organizado visando a esse objetivo. Sendo assim, um espaço despovoado de objetos e de materiais instigantes e desafiadores, ou seja, de brinquedos que evoquem enredos de jogo simbólico, é a própria negação do que Vygostky considera fundamental para o desenvolvimento infantil.

Para este autor, o desenvolvimento humano é uma tarefa conjunta e recíproca. No caso da criança em idade pré-escolar, o papel do adulto é o de parceiro mais experiente que promove, organiza e provê situações em que as interações entre as crianças e o meio sejam provedoras de desenvolvimento. Nessa dimensão, o espaço se constitui no cenário onde esse processo acontece, mas nunca é neutro.

Considerando-se as premissas de que o meio constitui um fator preponderante para o desenvolvimento dos indivíduos, fazendo parte constitutiva desse processo; de que as crianças, ao interagirem com o meio e com outros parceiros, aprendem pela própria interação e imitação,[2] constatamos que a forma como organizamos o espaço interfere, de forma significativa, nas aprendizagens infantis. Isto é, quanto mais esse espaço for desafiador e promover atividades conjuntas, quanto mais permitir que as crianças se descentrem da figura do adulto, mais fortemente se constituirá como parte integrante da ação pedagógica.

Tomando como referência os postulados de Vygotsky, entendemos que o papel do professor é interferir na zona de desenvolvimento proximal dos alunos, provocando avanços que não ocorreriam de forma espontânea. Essa intervenção, sobretudo na escola infantil, dependerá do modo como o professor, o parceiro mais experiente, organiza, por exemplo, jogos e materiais relacionados aos mais diferentes campos do conhecimento (linguagens, matemática, ciências, artes) que, em tal estágio de desenvolvimento das crianças, serão os mais adequados e do modo como organiza cantos e recantos da sala de aula, como biblioteca, casa de boneca, recanto das fantasias, das construções, os quais permitirão enredos com a participação em duplas, trios ou grupos maiores de crianças. De modo geral, o espaço, muitas vezes, é organizado desse modo; porém, são tão pobres em materiais, cuja presença os tornariam mais atraentes, que são pouco convidativos às crianças.

NOTAS

1. Zona de desenvolvimento proximal é um conceito vygotskiano que define aquelas funções que ainda não amadureceram, mas que estão em processo de maturação; funções que amadurecerão, mas que, no presente momento, estão em processo embrionário.

2. Imitação aqui é entendida sob a perspectiva de Vygotsky, ou seja, imitar não é uma mera cópia do modelo, mas uma reconstrução individual do que é observado nos outros.

2

PASSOS DO ESPAÇO NA TRAJETÓRIA DA EDUCAÇÃO INFANTIL

> *Para a criança, o espaço é o que sente, o que vê, o que faz nele. Portanto, o espaço é sombra e escuridão; é grande, enorme ou, pelo contrário, pequeno; é poder correr ou ter de ficar quieto, é esse lugar onde pode ir olhar, ler, pensar.*
> *O espaço é em cima, embaixo, é tocar ou não chegar a tocar; é barulho forte, forte demais ou, pelo contrário, silêncio, são tantas cores, todas juntas ao mesmo tempo ou uma única cor grande ou nenhuma cor...*
> *O espaço, então, começa quando abrimos os olhos pela manhã em cada despertar do sono; desde quando, com a luz, retornamos ao espaço.*
>
> (Fornero, apud Zabalza, 1998, p. 231)

Falar em espaços, no âmbito educacional, implica resgatar, inicialmente, referências teóricas de autores que contribuem para essa discussão. Pensando em discutir o espaço educacional sob a perspectiva da arquitetura, a contribuição de Nayume Lima (1989) não pode ser desconsiderada, sobretudo no destaque que dá à abordagem histórica do espaço escolar. Sua ênfase recai sobre o modo como o espaço interfere no disciplinamento das crianças e no controle dos movimentos corporais. Suas considerações acerca desse tema nas décadas de 1950 e 1960, resultado de estudos realizados nas escolas públicas de São Paulo, mostram que os espaços escolares não eram muito diferentes dos da França e da Inglaterra do século XIX. Tais espaços impunham ordem e disciplina em detrimento às necessidades das crianças. A própria planta dos prédios escolares previa os espaços como modo de controle da disciplina, com as salas de aula organizadas com filas de classes, corredores de circulação estreitos, etc. Nesse sentido, seus estudos evocam os postulados de Foucault.

Seguindo nesta direção, seria interessante, antes de tudo, refletir a respeito das idéias foucoultianas, principalmente no que se refere ao Panóptico de Bentham.

Essas idéias explicitam o Panóptico de Bentham como sendo a figura central de uma construção em anel que circundava uma torre. Nela, largas janelas se abriam sobre o lado interno do anel. A construção periférica era dividida em selas, que tinham duas aberturas: uma voltada para o interior e outra para o exterior.

Dentro dessa estrutura, o vigia vê a todos, mas eles não se vêem. Dessa forma, elimina-se a possibilidade de ações coletivas, como a organização de complôs pelos prisioneiros, a violência desencadeada nos loucos, o contágio que podem sofrer os doentes, a dispersão e o barulho que um grupo de crianças pode fazer. Como se percebe, o princípio é que o coletivo deve ser evitado.

Refletindo sobre alguns espaços de educação infantil, encontro certa relação com essas idéias quando verifico que, de modo geral, os educadores têm preferência por realizar trabalhos dirigidos, feitos individualmente, não prevêem espaços para tarefas coletivas e têm dificuldades de orientar seu trabalho para escolhas feitas pelas crianças sem sua constante vigilância e ordenamento. Na verdade, há uma intencionalidade de quem organiza os espaços, pensados principalmente para que todas as atividades girem em torno do adulto. Toda vez que alguma situação foge ao controle da professora, isso é reafirmado. Um exemplo disso se evidenciou durante uma reunião pedagógica de que participei, na qual a discussão girava em torno da necessidade de todas as crianças aguardarem na recepção da escola para entrarem em fila. Fora proposta uma alteração nesse sentido, a qual possibilita às crianças a entrada em suas salas de aula sem a necessidade da fila. Uma das professoras se manifestou, dizendo:

> Me desculpem, mas deveríamos ser consultadas sobre isso... Afinal, somos ou não especialistas em educação infantil? (...) Eles se empurram, se batem, ainda não sabem andar em grupo sem se bater (...). A porta da sala tem tamanho pequeno para todos entrarem ao mesmo tempo. Eu não entendo por que não entrar em fila, fica tudo muito mais organizado. Não sei por que a fila vai nos tornar mais ou menos tradicionais.

Voltando à idéia do Panóptico, podemos constatar que o espaço, organizado com o objetivo de controlar e vigiar, assegurava o fim das grades, das correntes, das fechaduras e garantia, por meio de separações bem distintas, o controle do bom comportamento, do trabalho, da aplicação, assim como poderia ser usado para a realização de experiências e treinamentos; por exemplo, introduzir novos castigos sobre os corpos e tentar novas experiências pedagógicas. Nas próprias palavras de Foucault, o Panóptico pode ser entendido como uma máquina maravilhosa que, a partir dos desejos mais diversos, "fabrica efeitos homogêneos de poder" (Foucaut, 1989, p. 178).

De acordo com essa conceituação, podemos inferir que o autor aponta a escola como uma "herdeira" dessa organização do espaço. Ele a entende como algo limitado a um espaço fechado, assim como encontramos em outras instituições disciplinares e de controle, como prisões e quartéis. Refere-se ainda a uma tripla função (produtiva, simbólica e disciplinar) do trabalho, a qual também poderia ser aplicada ao espaço escolar, entendendo-o como algo segmentado, no qual ocultamento e aprisionamento lutam contra visibilidade, abertura e transparência. A racionalização burocrática e a gestão racional do espaço coletivo e individual fazem da escola um lugar onde a localização e a posição, o deslocamento e o encontro de corpos adquirem uma importância especial, explicitando-se, desse modo, no ritual e no simbólico.

Segundo Focault, é a questão disciplinar que dissocia o poder do corpo, pois, se por um lado procura aumentar sua capacidade, por outro faz disso uma relação de sujeito muito estrita. Ele ressalta que isso não se revelou subitamente: veio se sedimentando ao longo do tempo, em diversas instituições, principalmente na escola.

Sobre tal assunto, Fischer (1999, p. 48) afirma que as construções de diferentes instituições, como quartéis, hospitais e escolas, inspiravam-se em modelos que evidenciavam a premissa de que o importante era a possibilidade de o vigilante ver a todos sem ser visto; porém, provocando a sensação nos observados de estarem sempre sendo vigiados, instalando o controle dentro de cada um.

Penso que a organização do espaço físico na educação infantil em cantos, em zonas semi-abertas, possa constituir-se para alguns educadores como uma forma de controle através de arranjos espaciais, pois o professor observa e controla todas as ações das crianças sem ser o centro da prática pedagógica. O que quero dizer é que o simples fato de organizar a sala de aula dessa forma não garante uma atuação descentralizada por parte do adulto e, conseqüentemente, a construção da autonomia pela criança. Valeria a pena destacar a relação que existe entre controle e emancipação... Permitir que as crianças escolham seus materiais, desenvolvam competências ao realizarem atividades por sua iniciativa e fiquem sozinhas não garante, por si só, uma atitude emancipatória. É na relação com o professor que os processos de controle se constroem como duas dimensões únicas. Podemos interpretar tal situação à luz do que entendemos hoje como protagonismo infantil, no qual a criança é considerada como ator dos seus processos sociais, não "pedindo licença" para se emancipar.

Além disso, é válido refletir sobre as idéias relacionadas ao protagonismo infantil, discutido atualmente por autoras como Montandon (2001) e Sirota (2001). Elas afirmam que, em oposição à concepção de infância como objeto passivo de uma socialização regida por instituições como a escola, a família e a Igreja, por exemplo, a sociologia da infância constrói seus primeiros elementos acerca de tal temática. Os paradigmas teóricos da nova construção do objeto estão embasados na redescoberta da sociologia interacionista, na dependência da fenomenologia e nas abordagens construtivistas. Essa releitura crítica do conceito de socialização e de suas definições funcionalistas leva a reconsiderar a criança como ator. Comprovadamente, sabemos que ela participa de trocas e interage com seus pares, promovendo transformações na sociedade que não se esgotam e não dependem das instituições.

A criança, na realidade, é uma construção social, é um ser "que existe" em plenitude no "aqui e agora", produzindo "enredos" e inserindo-se em "cenários" que, muitas vezes, não são feitos para ela.

Um exemplo que ilustra essa afirmação é o de uma cena que observei em uma esquina movimentada de um bairro de classe média alta de Porto Alegre. Uma mulher cuidava dos carros estacionados na rua (naquela época, ainda não existiam os parquímetros). Ao seu redor, duas meninas que deveriam ter de três a quatro anos, indiferentes aos passantes e ao barulho intenso dos carros, brincavam em uma "casinha" que montaram em cima da calçada próxima ao terreno baldio. Sobre um caixote de frutas, elas fizeram uma mesa, colocando sobre ela potes velhos (provavelmente achados na rua ou no terreno baldio), onde pedrinhas e folhas faziam as vezes da comida...

Cenas semelhantes são observadas em escolas no momento em que, por exemplo, as crianças procuram uma atividade fora do âmbito interno da sala de aula quando não é hora do recreio. Isso, logicamente, evidencia-se em escolas onde a sala de aula e sua proximidade com o pátio são um convite à brincadeira e propiciam ações autônomas por parte das crianças.

Na realidade, os espaços escolares sempre foram organizados para incentivar outro tipo de comportamento dos alunos. Segundo Mayume Lima (1989, p. 38), qualquer organização dos espaços escolares buscava, em última análise, tornar-se um poderoso aliado para poder controlar e vigiar a ação infantil.

Em nome da economia, muitos prédios escolares eram construídos com corredores e passagens com pouca largura, induzindo os alunos a andarem em filas. Ao lado, as janelas pequenas impediam um maior contato com o mundo exterior, cuja existência era justificada, sob a égide da segurança.

É importante considerar que tais constatações não refletem apenas a realidade do Brasil e não estão distantes de nossa atualidade. Recentemente, a mídia divulgou que, em uma localidade dos Estados Unidos, foram instalados nas escolas sistemas eletrônicos de controle sobre todos seus espaços. Isso caracteriza a implantação do que podemos chamar "panóptico tecnológico".

No entanto, Lima (1989) apontou algumas modificações no modo como as escolas, mais especificamente as salas de aula, organizaram seus espaços. Os estrados foram retirados, e os cantos de castigo desapareceram; porém, na realidade, isso não significou que tenham, de fato, "sido retirados". Muitas vezes, o modo de conduzir a prática docente por parte dos professores reflete a existência do estrado, das classes enfileiradas, etc., mesmo sem a concretude disso.

Estou de acordo com a autora, pois o fato de alterar a disposição das classes, por exemplo, pode ocasionar ao professor dificuldades para manter a disciplina no grupo. Isso ocorre, entre outros fatores, porque essa forma de organização enfatiza o trabalho individualizado, o qual, por sua vez, facilita o controle e a disciplina na perspectiva da prática docente centrada no professor.

Em geral, quando o educador organiza a sala de aula fora da rotina das classes enfileiradas, a simples modificação de tal disposição lhe causa transtornos que o fazem retomar antigas práticas.

Sem dúvida, isso reforça o papel centralizador da professora que se desorganiza ante a possibilidade do "diferente".

A dificuldade de alguns educadores em trabalhar "com corpos que se movimentam" é muitas vezes evidente. Por muito tempo, se afirmou a estratégia de se controlar o pensamento das crianças por meio do controle dos movimentos. Um dos meios encontrados para isso em São Paulo, na década de 1960, foram classes escolares chamadas de "pé-de-ferro": literalmente, elas eram pregadas ao piso de duas em duas, inspiradas em modelo inglês.

A maioria das escolas brasileiras ainda oferece um espaço que determina a disciplina, em uma relação de mão única, na qual a criança é mantida em uma imobilidade artificial. Na educação infantil, é comum os arranjos espaciais não permitirem a interação entre as crianças, impossibilitando sua apropriação dos espaços através de objetos, desenhos e nomes. A própria prática docente desenvolvida em muitas instituições de educação infantil defende o espaço como aliado ao controle dos corpos e dos movimentos considerados importantes no que é entendido como "pré-alfabetização".

Em muitas observações realizadas em instituições de educação infantil, percebo que sempre existe um "lugar nobre" destinado a mesas e cadeiras, e ao quadro-negro, o que legitima o fato de estar sentado, estar desenhando, pintando, recortando; cada criança com seus lápis, com suas tintas, com sua tesoura. Em geral, essa é a organização do espaço de uma sala de aula quadrada ou retangular, onde as mesas ocupam o lugar central e, encostados nas paredes, os livros (quando existem), a prateleira de jogos, os brinquedos da "casinha", o local para dependurar trabalhos e mochilas.

Paralelamente a isso, os professores parecem ignorar que o ato de brincar/jogar é algo muito sério para a criança, e que ela pode aprender interagindo com objetos, explorando e descobrindo o mundo. É sobre essa característica do jogo infantil que nos fala Chateau (1989, p. 44):

> Fazendo massa de areia, edificando com cubos, brincando de barco, de cavalo, de trenzinho, você verá, observando seu rosto, que ela dá toda sua alma ao assunto em questão, que é tão absorvida em tudo isso quanto você em suas pesquisas sérias.

É no espaço físico que a criança consegue estabelecer relações entre o mundo e as pessoas, transformando-o em um pano de fundo no qual se inserem emoções. Essa qualificação do espaço físico é que o transforma em um ambiente.

Forneiro (1998) afirma que um dos critérios que devem ser considerados quando pensamos em espaços desafiadores e provocadores de interações e aprendizagens na educação infantil é a possibilidade dessa organização espacial ser transformada. Para isso, os móveis devem ser flexíveis, os objetos e os materiais devem estar diretamente relacionados às situações imprevisíveis que ocorrem ao longo da jornada de trabalho e que não foram necessariamente planejadas.

Nessa dimensão, o espaço é entendido como algo conjugado ao ambiente, e vice-versa. Todavia, é importante esclarecer que essa relação não se constitui de forma linear. Assim sendo, em um mesmo espaço, podemos ter ambientes diferentes, pois a semelhança entre eles não significa que sejam iguais. Eles se definem com a relação que as pessoas constroem entre elas e o espaço organizado. Esses dados, se relacionados ao espaço escolar, legitimam-se na dimensão cultural que a escola possui.

Segundo Escolano (1998), a escola é um lugar construído que se decompõe e recompõe à luz das energias e das relações sociais que se estabelecem. Com elementos simbólicos próprios ou adquiridos, a arquitetura da escola, sua fachada externa ou interna, responde a padrões culturais e pedagógicos que as crianças vão internalizando e aprendendo. Tendo essa idéia como referência, podemos inferir que espaço e tempo não são esquemas abstratos nos quais desemboca a prática escolar. Ao contrário disso, a arquitetura escolar é, por si só, o que materializa todo um esquema de valores, de crenças, bem como os marcos da atividade sensorial e motora. Sendo assim, ela está inserida em uma cultura e a desvela, em suas formas, arranjos e adornos, cujos estímulos seriam transmitidos por mediação dos adultos e de práticas culturais.

Na educação infantil, essa idéia é de um tempo bastante remoto. Os postulados de Froebel (1837) e Montessori (1907) já legitimavam um espaço organizado para crianças pequenas, o qual procura integrar princípios de liberdade e harmonia interior com a natureza, propondo um arranjo espacial em ambientes muito diferentes dos vividos na época deles por crianças com menos de seis anos. Esses teóricos, na verdade, planejaram um espaço que fez parte integrante de suas metodologias, definindo-o à luz das necessidades infantis.

A grande inovação, naquela época, foi o fato de adequar os espaços às necessidades de crianças pequenas. Fazendo uma verdadeira revolução no que diz respeito aos espaços e aos ambientes destinados à educação infantil, Froebel e Montessori foram os grandes precursores da importância da organização do espaço na metodologia do trabalho com crianças pequenas. Todavia, cabe salientar que, apesar desses avanços significativos, tais práticas educativas se aliavam à organização dos espaços para impor uma disciplina rígida, coerente com os postulados educacionais daqueles tempos.

Para compreendermos o significado da organização do espaço definido por Froebel, seria oportuno lembrarmos que a denominação "jardim-de-infância" dada por esse autor teve dupla conotação. O nome "jardineiras", como eram conhecidas as professoras do jardim-de-infância, partiu da idéia de que as crianças seriam como flores a serem regadas e cuidadas. Além disso, havia referência ao lugar onde se desenvolveria a ação educativa. Desse modo, a escola para crianças pequenas deveria ser um lugar onde elas pudessem ter um contato mais próximo com a natureza, conviver com animais e plantas e mexer na água e na terra. Alguns espaços encontrados hoje em algumas escolas infantis guardam essas influências. Na instituição observada, por exemplo, o pátio é, ao mesmo tempo, ensolarado e arborizado. Observei, certo dia, algumas crianças acompanhadas da professora alimentarem os coelhos com alfaces e couves que haviam colhido da horta, situada na parte lateral do prédio principal da escola. Junto aos coelhos, existiam outros animais de pequeno porte, como porquinhos-da-índia. Nos grandes viveiros contíguos a esse habitat, havia patos, tartarugas, canários, caturritas e outros pássaros. Um pequeno lago de águas muito cristalinas abrigava peixes vermelhos.

Froebel carregava consigo, desde a infância, essa intensa ligação com as coisas da natureza, chegando a ser, em certa época de sua vida, guarda florestal. Nesse período, aprendeu a lidar com as plantas e principalmente a tirar desse convívio alimento para seu espírito. Segundo Kuhlmann (1998), Froebel pretendia reformar não apenas a educação pré-escolar, mas, por meio dela, a estrutura familiar e os cuidados dedicados à infância, envolvendo a relação entre a esfera pública e a privada. A educação, então ministrada no lar ou na escola, estimularia nas crianças a preguiça e a indolência, não desenvolvendo as energias humanas. Ele considerava ainda que seria sumamente proveitosa a introdução das verdadeiras horas de trabalho manual na educação das crianças, desejando criar um amplo jardim, onde elas "floresceriam" como plantas, regadas pelo espírito feminino.

Por isso, é importante lembrar que as idéias de Froebel definem o primeiro modelo formalizado de educação pré-escolar.

No Brasil, seus postulados se manifestaram, a princípio, em São Paulo, mais precisamente na escola Caetano de Campos; no Rio de Janeiro, no Colégio Menezes Vieira.

Um dos aportes mais importantes desse referencial teórico que interessa discutir neste trabalho é o modelo de espaço arquitetônico. Apesar de não ter trabalhado especificamente nesse campo, os conhecimentos do autor nessa área, junto aos de matemática e de geometria, manifestaram-se não somente em relação ao espaço arquitetônico, como também na própria metodologia, expressa nos materiais que utilizou, denominados dons. Entre eles, podemos citar a bola, o cilindro e o cubo, três formas puras que deram origem em sua metodologia a outros materiais que desempenharam papel importante no desenvolvimento do trabalho junto às crianças. Essa organização de um espaço diferenciado foi, sem dúvida, seu grande legado à educação infantil. As salas de aula para as crianças pequenas eram cercadas por grades, com locais para punição inspirados em modelos de salas de aula para alunos maiores.

Essa pedagogia valorizava os espaços não-edificados e a necessidade de haver locais específicos para a prática de jogos, de jardinagem e de agricultura. Ao mesmo tempo, esses espaços seriam utilizados para lazer e recreio.

Desse modo, o modelo educativo de Froebel previa uma educação integral e harmônica que terá correspondência em um projeto arquitetônico com espaços abertos e fechados. Os chamados jardins-de-infância deveriam ter diferentes espaços, destacando-se os externos como os maiores e mais significativos. Neles, havia algumas divisões. Aquele destinado às atividades individuais era subdividido em metros quadrados, um para cada criança, onde ela trabalhava sozinha, cultivando seu "canteiro" como melhor desejasse. O segundo espaço era dedicado ao trabalho coletivo, onde os alunos também plantavam, mas de forma conjunta. Nesses espaços estavam previstos locais fechados, para guardar os instrumentos de trabalho. Havia também espaços destinados à criação de animais, como peixes, aves, entre outros, para serem observados e estudados pelas crianças, conforme já mencionado. Além disso, um amplo pátio com árvores e fontes de água completavam um cenário para lazer, juntamente com uma área coberta para os dias de chuva.

Em relação à parte interna, as salas de aula eram amplas e bem iluminadas, com capacidade para 25 alunos, tendo comunicação direta com o pátio aberto, o que possibilitava que as atividades propostas pela professora pudessem ser realizadas ao ar livre. As mesas de trabalho acomodavam cinco crianças e podiam ser reunidas em grupos maiores. Uma característica que as diferenciava era o fato de terem em sua superfície um tabuleiro quadriculado, facilitando a prática de exercícios propostos com as figuras geométricas já citadas. As salas de aula possuíam, nas paredes, um quadro para o ensino do desenho, frases com mensagens de cunho moral, mapas, além de armários com portas de vidro para guardar materiais e trabalhos realizados pelas crianças.

Cabe ainda destacar que o modelo de organização proposto por Froebel está atrelado a uma proposta pedagógica pautada no desenvolvimento da natureza interna da criança, iniciando-se no nascimento e prolongando-se no decorrer da vida. Assim, o objetivo maior da educação será a unidade harmônica da natureza-humanidade-universo, meio este que conduz o homem a ser inteligente e racional de acordo com uma lei universal e divina.

Podemos resumir sua pedagogia em alguns princípios, como o contato da criança com a natureza, a percepção e a abstração das formas geométricas, a observação de objetos. Nessa proposta, destaca-se a importância dos jogos que desenvolvem a capacidade criadora dos alunos, utilizando-se materiais simples, como bolas, cilindros e cubos.

Baseada nas idéias de liberdade, de atividade e de independência, Maria Montessori, médica italiana, desenvolveu, entre o final do século XIX e início do século XX, uma metodologia para trabalhar com crianças de três a seis anos, na qual se destacavam os cuidados físicos e a educação dos sentidos. De acordo com Montessori (1948), uma das condições essenciais de sua proposta era permitir as manifestações livres das crianças. Em primeiro lugar, essa liberdade se explicitava na supressão de coações exteriores, como aquelas exercidas por um mobiliário fixo, e das interiores, como prêmios e castigos. Quando surgiu, tal proposta se revelou revolucionária, já que se contrapunha a uma disciplina rígida, fundamentada, principalmente, na imobilidade das crianças. Ao contrário disso, um dos principais objetivos da metodologia montessoriana era disciplinar pela atividade e pelo trabalho, em um espaço onde os alunos se movimentassem com liberdade na escolha de tarefas a serem realizadas. Sob essa ótica, o planejamento considera a criança em sua relação com os objetos.

Por isso, os materiais eram especialmente construídos a fim de desenvolver todos os sentidos e todas as noções espaciais, os quais refletiam a vida doméstica e foram pontos referenciais da metodologia. No espaço interno da sala de aula, os lugares e os materiais se destinavam à realização de atividades de desenhar, de modelar e de reproduzir atividades domésticas (como lavar, passar, cozinhar). Hoje em dia, a organização dos espaços encontrados em algumas salas de aula de escolas infantis, mesmo que de modo tímido, como a casa de boneca, dos jogos, da biblioteca, tem sua origem, certamente, em Montessori.

Na metodologia montessoriana, evidencia-se uma preocupação constante com a organização de um ambiente onde as crianças pudessem se descentrar da figura do adulto. Isto é, o controle passa do educador para o ambiente. Montessori afirmava que deveríamos organizar o espaço de modo que a vigilância do adulto e seus ensinamentos fossem minimizados, pois, conseqüentemente, a interferência do adulto seria reduzida.

Assim sendo, a beleza do ambiente e o desafio dos objetos, por si só, deveriam estimular as crianças a agir. A condição fundamental da organização desse ambiente deveria ser a harmonia, o colorido, a disposição de móveis e de objetos que convidassem as crianças a interagirem, a brincarem e a trabalharem.

Como podemos observar, o destaque especial na metodologia montessoriana era o equipamento, os materiais e o mobiliário. Além de tudo ser adequado ao tamanho das crianças, também permitia que mesas, cadeiras e poltronas de palha ou de madeira fossem transportadas por elas. Pias com altura acessível aos alunos, estantes com cortinas coloridas, aquário com peixes e quadro-de-giz compunham o ambiente.

Verificamos que o grande avanço desta proposta é o fato de o planejamento espacial ser parte constitutiva de um novo modo de considerar e de ver a criança pequena.

O significado histórico do método de Montessori se traduz também, entre outros aspectos, pela valorização da arte e da estética. Os ambientes infantis eram decorados com obras de arte, o que, de certo modo, aproximava e introduzia as crianças ao mundo das artes.

O fato de colocar as crianças em contato com a arte é, até os dias de hoje, um aspecto muito valorizado nas escolas infantis italianas. Nas pertencentes à rede pública da região de Reggio Emilia, por exemplo, isso é marcante.

Atualmente, vem-se acentuando o reconhecimento da importância dos componentes do ambiente sobre o desenvolvimento infantil e, conseqüentemente, sua influência sobre a prática pedagógica nas instituições de educação infantil.

A organização dos espaços internos das instituições nos denominados "cantos" é hoje uma realidade em muitas escolas de educação infantil em diferentes partes do mundo. Em alguns países europeus, como a Itália, na

Região da Reggio Emilia, e a Espanha, nas Escolas Municipais de Barcelona, houve uma mudança significativa na forma de conceber os espaços internos, desenvolvendo-se uma proposta pedagógica que visou à descentração da figura do adulto na prática cotidiana, o que possibilitou mais autonomia por parte das crianças. Esses modelos têm sido uma referência mundial para educação infantil.

No Brasil, recentes estudos sobre organização de espaços, como os de Campos de Carvalho (1989), Campos de Carvalho e Rossetti-Ferreira (1993) Campos De Carvalho, Rubiano e Rossetti-Ferreira (1989), Rubiano (1990), Rubiano e Rossetti-Ferreira (1992), Rubiano e Silva (1993), também constataram a importância do papel da organização de espaços na prática pedagógica desenvolvida com crianças de zero a três anos pelos educadores. Os espaços considerados mais bem organizados foram os de organizações semiabertas, caracterizados por zonas circunscritas. Os pesquisadores constataram que, quanto mais aberta e indefinida a estruturação do espaço, maior a concentração das crianças em torno do educador. Os diferentes cantos das salas de aula são separados por estantes, prateleiras, móveis, possibilitando à criança visualizar a figura do adulto, mas não precisar dele para realizar diferentes atividades. Nesse modo de organizar o espaço, existe a possibilidade de as crianças se descentrarem da figura do adulto, de sentirem segurança e confiança ao explorarem o ambiente, de terem oportunidades para contato social e momentos de privacidade.

Outra importante contribuição foram as investigações de Rossetti-Ferreira e Vitória (1993), realizadas através da pesquisa intitulada *Processos de adaptação de bebês na creche*. Embora o estudo sobre o espaço não ter sido o único enfoque pesquisado, é interessante relatar como se estruturou esse trabalho, em particular pela metodologia e pelo referencial teórico utilizados.

O objetivo dessa pesquisa era entender os processos de "co-construção" e as mútuas transformações dos sujeitos envolvidos na adaptação de bebês em creches. Os sujeitos e os elementos desse processo eram considerados não de modo individual, mas nas relações que podiam ser estabelecidas entre eles. Assim, eram analisadas as relações entre mãe e bebê; entre educadora e mães; entre bebês e bebês; entre as próprias educadoras. Além desses elementos, eram analisados os cenários (família e creche) estruturados pelo espaço físico, as pessoas que estavam nesses espaços, seus papéis e suas relações afetivas. O trabalho partiu da idéia de que as interações entre esses elementos produzem práticas sociais diversas e resultam em diferentes contextos de desenvolvimento, chegando-se ao que os pesquisadores denominaram de matriz sócio-histórica. Tal modo de analisar a realidade não a representa, mas é uma forma de interpretá-la dentro de certos contextos e de certas situações a partir de determinados pressupostos.

Essa matriz abarcou as várias interações estabelecidas, os contextos em que ocorreram, os papéis atribuídos e assumidos pelos diferentes participantes, bem como os significados culturais que dão forma e canalizam o desenvolvimento das pessoas e das situações, ou seja:

> O conjunto de fatores orgânicos, físicos, sociais, ideológicos e simbólicos é interpretado como uma rede de significações. Essa rede constitui o meio, o qual, a cada momento e em cada situação, captura e recorta o fluxo de comportamentos do sujeito, tornando-os significativos naquele contexto. (Rossetti-Ferreira, 1997)

Conforme a percepção dos pesquisadores, essa metodologia impôs um grande desafio, na medida em que deveria configurar os elementos dessa rede de relações e suas inter-relações, de forma a não ser reducionista nem relativizar em demasia. Por isso, é fundamental que o pesquisador entenda o dado a ser observado não como um simples "dado", mas como um resultado complexo das interações que ocorrem entre o pesquisador e o objeto de pesquisa. Portanto, o "dado" é construído.

Na realidade espanhola, encontramos, em quase todas as escolas infantis municipais, a organização do espaço em cantos temáticos, limitados por estantes baixas, por móveis, etc. O registro de uma experiência observada em Barcelona, em uma escola infantil chamada Montaber, retrata uma organização espacial em arranjo semi-aberto, onde se destacam diferentes cantos.[1]

> A organização da rotina se faz, principalmente, a partir dos horários destinados à alimentação, à higiene, ao sono e às atividades individuais e coletivas das crianças, tendo como referência básica a organização das salas de aula em cantos e recantos, o que permite a atuação do adulto, com bastante descentração de sua figura frente aos alunos. Os cantos considerados fixos são o da casa de bonecas, o da biblioteca, o da higiene, o da música. Ao lado destes, existem os que vão mudando conforme o projeto desenvolvido pela professora, ou conforme datas comemorativas importantes, ou de acordo com os interesse das crianças. Exemplos de recantos registrados durante o tempo em que observava a escola foram: o do carnaval, porque esta data é bastante festejada em Barcelona, o da tartaruga, porque as crianças do grupo trabalhavam em torno desse tema, o da garagem, porque o interesse de um grupo de meninos estava bastante centrado em brincar com carrinhos. (Horn, 1998, p. 34)

Naquela realidade, os materiais didáticos obedecem a critérios como o fato de ter diferentes procedências, ou seja, ser ou não industrializados; o tipo de interação que oferecem às crianças; sua colocação e disposição na sala de aula. Explicitando melhor, verifica-se que diferentes materiais, como os coletados na natureza (folhas, conchas e pedras) e os de sucata, de modo geral, são oferecidos às crianças e, muitas vezes, também fazem parte da decoração da sala. Os materiais e os jogos colocados ao alcance das crianças obedecem à própria temática dos cantos; por exemplo, os livros no espaço para ouvir e contar histórias; as tintas, os lápis, as colas, as tesouras, os pincéis nos espaços junto às mesas de trabalho; os brinquedos na casinha de bonecas; os jogos de montar nos tapetes ou nas mesas. Entre os pesquisadores espanhóis que dão suporte teórico a esse modo de organizar o espaço, temos Zabalza e Fornero (1998).

Uma das contribuições desses autores dizem respeito à distinção entre espaço e ambiente, embora saibam que são conceitos intimamente ligados. O termo "espaço" se refere aos locais onde as atividades são realizadas, caracterizados por objetos, móveis, materiais didáticos, decoração. O termo "ambiente" diz respeito ao conjunto desse espaço físico e às relações que nele se estabelecem, as quais envolvem os afetos e as relações interpessoais do processo, os adultos e as crianças; ou seja, em relação ao espaço, temos as coisas postas em termos mais objetivos; em relação ao ambiente, as mais subjetivas. Desse modo, não se considera apenas o meio físico ou material, mas também as interações resultantes dele. Este é um todo indissociável de objetos, de odores, de formas, de cores, de sons e de pessoas que habitam e relacionam-se dentro de uma estrutura física determinada que contém tudo e que, ao mesmo tempo, é formada por esses elementos que pulsam dentro dela como se tivessem vida. Por isso, dizemos que o "ambiente 'fala', transmite-nos sensações, evoca recordações, passa-nos segurança ou inquietação, mas nunca nos deixa indiferentes" (Forneiro, 1998, p. 233).

O espaço é entendido sob uma perspectiva definida em diferentes dimensões: a física, a funcional, a temporal e a relacional, legitimando-se como um elemento curricular. A partir desse entendimento, o espaço nunca é neutro. Ele poderá ser estimulante ou limitador de aprendizagens, dependendo das estruturas espaciais dadas e das linguagens que estão sendo representadas.

Nesse sentido, o ambiente de aprendizagem influencia as condutas das crianças pequenas de forma distinta, isto é, enquanto alguns incitam o movimento, por exemplo, outros trarão uma mensagem de mais tranqüilidade e repouso.

Na região da Reggio Emília, norte da Itália, em escolas públicas municipais infantis, o conceito de ambiente também é entendido como um sistema vivo, em constante transformação. Algumas idéias são básicas na organização desses ambientes: o planejamento de como os espaços e os ambientes serão estruturados é discutido e pensado por toda a comunidade escolar: pais, alunos, educadores, funcionários; os espaços e os ambientes refletem uma cultura que é própria de cada realidade, o que determinará diferenças significativas de uma escola para outra; as interações sociais que a organização espacial permite serão fatores preponderantes nas aprendizagens que as crianças realizam; o ambiente de uma escola infantil deverá ser acolhedor através das cores, dos objetos, dos aromas, da harmonia e da calma que tudo isso transmitirá às crianças.

O planejamento desse espaço foi pensado em parceria com professores, pais, crianças e administradores, perpassando a idéia de que "as crianças devem sentir que toda a escola, incluindo espaço, materiais e projetos, valoriza e mantém sua interação e comunicação" (Rinaldi, 1999).

Além dessa idéia, outro princípio detectado é o de que os espaços sempre são diferentes de uma escola para outra, pois há de se considerar a cultura de cada grupo, sua história e sua trajetória. Essa é uma idéia extremamente importante de ser trabalhada, já que, entre muitos educadores infantis, a idéia do modelo, da receita, é bastante usual. Copiam-se atividades, reorganizam-se espaços sem considerar o contexto da instituição, a trajetória do grupo, suas necessidades e seus desejos. Observo que muitos deles até estruturam "cantos" com diferentes temáticas, inspirados em outras instituições, mas permanecem desempenhando uma prática pedagógica altamente autoritária e diretiva, centrada no educador.

Outro dado importante a ser considerado nesse trabalho é a idéia de que o espaço escolar não se restringe às paredes da sala de aula. Os espaços externos são considerados prolongamento dos espaços internos, sendo utilizados por meio de uma perspectiva pedagógica. No entanto, esses espaços têm uma característica comum, que é o acolhimento, sentimento que advém do cuidado e da harmonia na organização dos ambientes, na forma de receber os alunos e que se expressa em uma cultura própria, no caso a italiana, a qual valoriza muito esses aspectos. Essa cultura se expressa na comida que é oferecida e nos documentos afixados nas paredes, os quais retratam locais importantes na cidade. Além disso, as crianças trazem objetos arrecadados, como conchas, folhas secas de outono, que são valorizados ao serem colocados de forma harmoniosa no contexto da sala de aula.

Em relação ao intercâmbio social, os espaços são pensados sem privilegiar a sala de aula em detrimento dos banheiros e corredores, por exemplo. Logo, não existem espaços mais ou menos "nobres". Desde que a criança esteja neles, independentemente da situação, eles deverão ser alegres, conservados e decorados. Espaços, como, por exemplo, os banheiros, podem ter os espelhos cortados em formatos diferentes a fim de estimular as crianças ao lúdico e à alegria.

Por outro lado, também é bastante aceita a possibilidade de que a organização espacial proporciona interações sociais, já que o desenvolvimento social é entendido como uma parte intrínseca do desenvolvimento cognitivo. Definindo-o dessa forma, o espaço é planejado e estabelecido para facilitar encontros, interações e trocas entre as crianças, garantindo o bem-estar de cada uma e do grupo como um todo.

Seguindo essa teoria, tanto na realidade espanhola como na italiana, temos o espaço como um elemento curricular, o qual estrutura oportunidades de aprendizagens através das interações possíveis entre crianças e objetos e entre elas. Assim sendo, o espaço na educação infantil não é somente um local de trabalho, um elemento a mais no processo educativo, mas é, antes de tudo, um recurso, um instrumento, um parceiro do professor na prática educativa.

Sintetizando o que foi exposto, concluímos que o espaço é algo socialmente construído, refletindo normas sociais e representações culturais que não o tornam neutro e, como conseqüência, retrata hábitos e rituais que contam experiências vividas. Até então, na história, os espaços foram se construindo como uma das formas de controlar a disciplina, constituindo-se como uma das dimensões materiais do currículo.

A partir dessas premissas, podemos afirmar que o lugar da sala de aula está organizado com suas paredes, aberturas, com sua iluminação, com seu arejamento. Entretanto, existe um espaço a ser povoado, com cores, com objetos, com distribuição de móveis. Ele deveria ser definido pelo professor e por seus alunos em uma construção solidária fundamentada nas preferências das crianças, nos projetos a serem trabalhados, nas relações interpessoais, entre outros fatores. O que se observa, via de regra, é que os professores se apoderam dos espaços, decorando-os e organizando-os a partir de uma visão centralizadora da prática pedagógica, excluindo as crianças disso. Na educação infantil, encontramos, com freqüência, paredes com bichos da Disney, figuras da Mônica e Cebolinha, "caprichosamente" colados, sem nenhuma interferência das crianças que habitam o espaço. Entre as conseqüências que isso acarreta, poderíamos citar uma "infantilização" do processo de aprendizagem, como se as crianças não pudessem trabalhar com outros enredos que não esses, e como se elas não pudessem ter vontade própria.

Por fim, como já afirmei, o espaço nunca é neutro, pois carrega em sua configuração, como território e lugar, signos e símbolos que o habitam. Na realidade, o espaço é rico em significados, podendo ser "lido" em suas representações, mostrando a cultura em que está inserido através de ritos sociais, de colocação e de uso dos objetos, de relações interpessoais, etc. Por meio da leitura "das paredes e das organizações dos espaços" das salas de aula de instituições de educação infantil, é possível depreender que concepção de criança e de educação o educador tem.

Compactuo com as idéias de Madalena Freire (1986) quando afirma que o espaço é o retrato da relação pedagógica. Nele, vão sendo registradas as descobertas e o crescimento do grupo. Observando a organização dos móveis e objetos, é possível identificar o modo como se relacionam alunos e professores.

Chegando às idéias conclusivas deste capítulo, é importante relembrar que, tendo como premissa o foco principal deste estudo, que é o espaço, é fundamental esclarecer alguns pontos: o espaço aqui focalizado *é, sobretudo, o espaço interno das salas de aula das instituições de educação infantil.* Porém, não é possível restringir espaço escolar aos limites das paredes de uma sala de aula. São muitos seus prolongamentos, dos quais, naturalmente, as crianças vão se apropriando, como os pátios externos, corredores e demais dependências da instituição.

NOTA

1. No ano de 1997, realizei um trabalho de observação nas escolas infantis da rede pública de Barcelona, ocasião em que permaneci durante uma semana observando a escola Montaber. Ela se localiza na parte velha de Barcelona, no chamado bairro Chino, local habitado principalmente por imigrantes árabes, paquistaneses e filipinos.

3
INQUIETAÇÕES DE UMA EDUCADORA

Meu caminhar na trilha da educação infantil percorre um tempo de quase 30 anos. Situar-me em um espaço que tem marcas muito significativas dos cheiros, dos objetos que se transformam, das cores que dão as nuances sempre foi fundamental para mim. Acredito que povoar os espaços que acolhem, aconcheguem, é tão fundamental quanto comer, beber e trabalhar. Como educadora, esse sentimento me acompanhava. Meu olhar sempre se fixava nas paredes das salas de aula, na disposição dos móveis e dos objetos, no modo como as educadoras expressavam suas concepções de aprendizagem, de criança, de infância, identificadas no modo como organizavam seus espaços. Somado a isso, alimentava a idéia de não desviar o olhar dos espaços onde as crianças brincavam, dormiam e interagiam nas instituições de educação infantil, tendo em vista que esse é o ponto referencial para todas as minhas reflexões. Assim, desde um tempo longínquo, quando trabalhava diretamente com as crianças, o fato de estar sempre podendo penetrar "nos espaços" me permitiu e ainda me permite estabelecer relações, mudar posicionamentos, fazer novas indagações em minhas práticas como professora, administradora, formadora de professores e coordenadora pedagógica. Com o passar do tempo, fui cada vez mais prestando atenção aos espaços destinados às crianças e, de certo modo, sensibilizando-me para esse "olhar".

Esse "olhar" espiava duplamente: a prática pedagógica dos professores e o espaço povoado por objetos, por materiais e por pessoas.

O trabalho realizado no ano de 2000, em um curso de formação de professores em educação infantil, em uma escola privada de Porto Alegre, contribuiu para ampliar minhas reflexões e fez parte de minha tese de doutorado intitulada *O papel do espaço na formação e transformação do educador infantil* (Horn, 2003).

O dado que me inquietou bastante foi o de que as salas de aula dos maternais e o espaço destinado ao atendimento de crianças no turno oposto[1] à freqüência das aulas, em tal instituição, tinham uma organização absolutamente distinta das de nível A e nível B (NA e NB).[2] Essa distinção se pautava claramente nas organizações dos espaços das salas. Nos espaços do turno inverso e maternais, a organização era posta em cantos e recantos com temáticas diferentes, como casa da boneca, salão de beleza, feirinha, biblioteca e, ainda, espaço para trabalhar "nas mesas e nas cadeiras", entre outros. Este era um espaço organizado em organizações semi-abertas, delimitadas por algumas estantes baixas, pelos próprios móveis da sala, por biombos. Campos de Carvalho e Rubiano (1994) afirmam que essa organização proporciona às crianças uma visão fácil de todo o campo de ação, incluindo a localização do adulto e das demais crianças. Além disso, o espaço, assim organizado, favorece interações entre crianças, promovendo a identidade pessoal, o desenvolvimento de competências e habilidades e, por conseguinte, a construção da autonomia moral e intelectual.

Entrar naqueles espaços era sentir-se convidada a brincar na casinha e fazer uma comida gostosa e um bolo de chocolate; a deitar no tapete e, sobre uma almofada, ler um livro de história de lobos e menininhas teimosas; a sentar em frente ao espelho e pintar os cabelos de vermelho mudando seu corte; a se fantasiar de fada ou de bruxa e percorrer os cantos da sala a fazer mágicas; a montar um cenário de circo e se vestir-se de bailarina equilibrista; a se esconder em algum canto e ficar ali até alguém me achar; a pintar com tintas, sujando as mãos, e colocar purpurina bem colorida sobre as cores da folha; a pensar como montar uma "máquina de fazer vento", etc.

Por outro lado, as salas de aula dos NA e NB, em número de três, eram muito semelhantes entre si. Tinham basicamente um grande espaço destinado às mesas e às cadeiras, prateleiras altas com jogos e brinquedos, um grande quadro-negro e, em um lugar bem destacado, a mesa da professora. Entrando nessas salas, vi-me sentada comportadamente em uma cadeira ouvindo a professora dizer "agora vamos ouvir histórias", "agora não é hora de desenhar", "vamos pegar folhas para fazer a atividade". A sensação que tive foi a de que, em um mesmo prédio, havia duas escolas infantis absolutamente distintas. Percebi que nessas diferenças se colocava uma questão interessante de investigar: Será que a transformação do espaço modifica a ação pedagógica dos professores, ou ocorre o inverso?

Mallaguzzi (1999) afirma que, em algumas escolas, as paredes, por exemplo, são usadas como espaços para exposições do que as crianças e os professores criaram, ou seja, as paredes falam e documentam um trabalho. Sua "nudez", na verdade, também é reveladora de uma postura pedagógica que não aposta no registro e na documentação do que está sendo feito.

O espaço nunca é neutro. A forma como o organizamos transmite uma mensagem que pode "ser coerente ou contraditória com o que o educador quer fazer chegar à criança" (Pol e Morales, 1982). Qualquer observador externo que seja atento, ao entrar em uma sala de aula, terá a clareza da concepção de aprendizagem que ocorre naquele espaço.

Uma das primeiras constatações que fiz foi a de que, naquela época, a etapa infantil tinha uma coordenação para maternal e turno oposto e outra para NA e NB. No ano de 2001, ambos passariam à coordenação da primeira, fazendo com que essa etapa de ensino tivesse uma mesma orientação pedagógica, supondo que as duas coordenações responsáveis pelos respectivos grupos tinham referenciais teóricos diferentes. Faço esta suposição com referência em Zabalza (1987, p. 124) quando afirma que o modo como administramos o espaço constitui uma mensagem curricular e reflete nosso modelo educativo.

Interessando-me por entender o processo que começava a se esboçar naquela Instituição,[3] propus-me a dois encaminhamentos. O primeiro era o de conhecer um pouco melhor a Escola, e o segundo era verificar como a coordenação pedagógica estava pretendendo organizar o trabalho no ano seguinte.

Era fundamental, então, que, para atender a meu primeiro propósito, buscasse conhecer um pouco da história e da proposta pedagógica da Escola. A Instituição, primeira escola comunitária de Porto Alegre, foi criada em agosto de 1964, ano em que as liberdades foram cerceadas, as iniciativas vigiadas; havia a uma forte crise político-institucional no país. Foi nesse panorama que educadores de renome do cenário estadual e nacional propuseram um processo educativo baseado na construção de valores sociais, capaz de oferecer novas alternativas à educação. Sendo uma escola privada e, por conseguinte, paga, sua clientela era, no mínimo, pertencente às camadas médias e altas da população. Outro dado que se juntava a este era o de ser procurada, principalmente, por pais profissionais liberais, os quais buscavam para seus filhos uma educação diferenciada de outras instituições públicas e privadas de Porto Alegre. Eles procuravam uma instituição que lhes oportunizasse participar mais direta e incisivamente na vida escolar de seus filhos.

Essa proposta envolvia uma concepção de escola como espaço de comunicação e de trocas permanentes, onde a coerência, a unidade dos princípios, as concepções comuns sobre valores e, sobretudo, um relacionamento de abertura, franqueza, receptividade e confiança buscavam criar um clima facilitador do desenvolvimento do aluno. De acordo com tais preceitos, foi criada essa Escola, em uma pequena casa de uma avenida central da cidade. Um fato pitoresco dessa fundação diz respeito à sua forma de divulgação. A imprensa escrita e televisionada conclamava e convidava a comunidade e, em especial, os pais que quisessem assumir com o grupo fundador aquela Escola. Essa foi sua característica marcante, a qual a distinguia de outras instituições educativas daquela época.

O fato de ser escolhida uma casa em uma via central próxima a uma grande área verde tem relação, na verdade, com um discurso pedagógico "mais amoroso", compatível com pressupostos de respeito e solidariedade que deveriam reinar nessa proposta, entre os próprios alunos, entre eles e seus professores; enfim, entre a Escola e a família. Lendo documentos que relatam a história da Instituição, encontramos que a idéia da sua fundação se originou, em parte, na infância de uma de suas fundadoras, a qual buscava, de certa forma, resgatar a "escola" que teve dentro de sua casa. Desse fato surgiu também o lema: "Educar é obra comum", em cujo sentido encontramos a forte participação das famílias na proposta pedagógica que buscavam implantar. Nas palavras de uma de suas fundadoras, encontramos legitimidade para essa afirmação: "o interesse era fazer uma experiência para tornar menor o divórcio entre a família e a escola, lastro sobre o qual se fundamenta a vida democrática" (Proposta Pedagógica da Escola observada).

Alguns anos após sua criação, mais precisamente em 1969, os pais assumiram, por meio de uma fundação, a manutenção financeira do Instituto, enquanto sua proposta pedagógica se manteve com os educadores.

A procura por vagas cresceu. A "casa", mesmo com anexos, tornou-se pequena. Em 1970, foi providenciada a compra de um terreno e a construção de pavilhões de madeira, base da atual sede. Esse fato configura o "despojamento" da proposta pedagógica com relação ao aspecto material e físico de uma escola, revelando uma concepção de educação mais humanista. A Instituição se situa, desde então, em um dos pontos de vista panorâmicos mais bonitos da cidade, oportunizando vivências como a que registrei em minhas observações:

> São 13h30min de um dia ensolarado de outono. Entrando na Escola, amplia-se uma vista linda da cidade... Ao longe, o rio banhado de um sol dourado, os edifícios mais altos apontando para um céu muito azul... A algazarra das crianças que vão chegando é muito mais do que um pano de fundo: integra-se à paisagem que se descortina...

Segundo um dos folhetos de apresentação e de divulgação do trabalho da Escola, sua proposta pedagógica é respaldada nos objetivos que foram a base de sua formação, de sua experiência e de sua tradição educacional. A Escola promove e aplica práticas e atividades orientadas *para o desenvolvimento de habilidades e competências, buscando a formação de alunos seguros, críticos, curiosos, inventivos, saudáveis e felizes.*

Destaca-se, ainda, nesse instrumento de divulgação, o objetivo geral do Colégio: *Educar para a responsabilidade, a liberdade, a solidariedade, o trabalho.*

Atualmente, a Escola é constituída:

- pela educação infantil: classe BB
  maternal
  NA e NB
  Atendendo 92 alunos

- pelo ensino fundamental:
  1ª a 8ª séries
  Atendendo: 558 alunos

- pelo ensino médio:
  1ª a 3ª séries
  Atendendo: 151 alunos

Alguns aspectos que dizem respeito à sua proposta pedagógica merecem destaque. Conforme a atual direção, *em quase quatro décadas, a Escola construiu e mantém uma concepção educacional que, centrada em princípios presentes desde sua fundação, permite a constante atualização e o aperfeiçoamento de sua proposta pedagógica, preservando os valores norteadores de sua filosofia.* Essa proposta é um documento que esclarece as intenções da educação escolar e, segundo seu próprio texto, *nessa intencionalidade, busca o trabalho conjunto de todos os profissionais da escola e de todos os pais, numa cumplicidade enriquecedora e na relação de ajuda mútua, permanente e sistemática.* A proposta pedagógica explicita princípios e fundamenta-se em uma filosofia de concepção humanizadora, referindo Paulo Freire como um dos teóricos de sustentação. A tendência pedagógica que se evidencia é a crítico-libertadora,[4] que identifica a educação como uma atividade em que professores e alunos mediatizados pela realidade aprendem e atingem um nível de consciência dessa mesma realidade. No que se refere aos pressupostos pedagógicos propriamente ditos, Piaget é o teórico que referenda todo o processo de ensino e aprendizagem proposto. No que está posto como meta geral, sintetiza-se a proposta em: *Construir o currículo de modo a contemplar o aluno em sua totalidade como ser físico, psicológico, cognitivo e moral, instrumentalizando-o para atuar na transformação da sociedade e na construção progressiva das condições necessárias ao seu êxito e felicidade pessoal.*

Para a educação infantil, não existe uma proposta específica. O trabalho é embasado em pressupostos de Piaget quando remete à própria proposta da escola. Porém, nos textos trabalhados nas reuniões pedagógicas e na própria fala da coordenadora pedagógica, são referidos Vygotsky e outros autores sociointeracionistas. O pressuposto básico da etapa infantil é assim colocado: *Reconhecido pela excelência de sua proposta pedagógica, respaldada na responsabilidade, na experiência e na tradição educacional, o Colégio promove vivências e atividades orientadas para o pleno desenvolvimento das capacidades infantis.*

Como podemos observar, esse pressuposto explicita as implicações do referencial de Piaget sobre ensino e aprendizagem. Segundo esse teórico, o conhecimento é construído durante as interações das crianças com o mundo, as quais se iniciam quando elas nascem e jamais findam, acompanhando o ser humano por toda sua vida. Assim sendo, a relação sujeito/objeto é dinâmica e ocorre por meio da ação do sujeito. À luz desse enfoque, o conhecimento é um processo interativo, no qual o objeto só se constitui estímulo perceptivo para a criança à medida que o organismo receptor é sensibilizado (Piaget, 1973).

Além de observar e coletar dados dessa realidade, o outro caminho que busquei foi conversar com a coordenadora pedagógica que assumiria, a partir de 2001, a educação infantil. Durante esse encontro, fui percebendo que a proposta, pensada para desenvolver todo um trabalho nesse nível de ensino, apostava na organização do espaço físico, como ocorrera na criação do atendimento às crianças no turno inverso ao da escola. Em suas palavras, isso se explicitava com bastante clareza:

> Eu queria uma experiência diferente daquela que eu vivenciava nas creches onde trabalhei em Porto Alegre, porque eu via, por exemplo, que aquele espaço físico, usado nas creches que ofereciam turno integral para crianças mais velhas era um lugar que nada tinha a ver com aquelas crianças, que ficavam numa sala que, no outro turno, era usada por uma maternal. Eu achava isso um absurdo. A questão do espaço era a coisa em que mais me batia... Eu não queria repetir aquela improvisação de espaço...

Uma das primeiras impressões que tive durante essa conversa foi a de que a organização do espaço físico para essa coordenadora era fundamental. De acordo com suas próprias palavras, "espaço é vida, é desafio, como experiência compartilhada, espaço que não é somente da professora...".

A oportunidade que a Instituição lhe outorgava lhe possibilitava a chance de criar um espaço desafiador. Em suas próprias palavras, isso se legitima:

> Quando fui contratada para trabalhar na proposta do turno inverso, eu pensei primeiro que teria as rédeas na mão, como eu iria organizar o projeto, eu

não estava chegando em um lugar com uma sala pronta, onde já estivessem as coisas definidas. Tive a oportunidade de poder criar.

Na realidade, essa educadora não "partia do nada". Tinha intenções claras, respaldadas por referências teóricas e por sua própria experiência de vida. Essa possibilidade de relação encontra legitimidade nas palavras de Bronfenbrenner (1996), autor cuja proposta trata da ecologia no desenvolvimento humano. Ele enfatiza a importância de estudarmos os ambientes em que nos comportamos para podermos abandonar descrições particularizadas e processos sem conteúdo. Em sua teoria, ele afirma que a forma como nos comportamos nos diferentes espaços tem sua base nas interações sociais que realizamos, as quais levam em conta as características das pessoas e seus ambientes passados e presentes. Nesse sistema, o ambiente ecológico comporta níveis que vão do mais interno ao mais externo e encaixam-se uns nos outros, indo de um nível mais interno ao mais externo. No primeiro nível, situa-se o ambiente mais imediato, como a casa e a sala de aula. O próximo requer que olhemos para além desses ambientes mais simples, afirmando que devemos observá-los como uma realidade mais complexa. Por exemplo, quando uma criança aprende a ler, essa aprendizagem é influenciada tanto pelo método de ensino como pelo ambiente da família e da escola e pelos laços que se estabelecem nessa relação. O terceiro nível invoca a hipótese de que o desenvolvimento humano é afetado por acontecimentos ocorridos em ambientes onde nem sequer a pessoa está presente. Assim, o meio ambiente ecológico é concebido topologicamente por estruturas que são chamadas *micro, meso, exo e macrosistema*. De um nível mais imediato, ou seja, o ambiente onde o sujeito vive, estabelecem-se relações com ambientes mais distantes. As palavras da educadora expressam o que diz o autor:

> Muitas das coisas que eu já havia lido, inclusive na universidade, poderiam ser postas em prática neste momento. Por exemplo, eu tinha certeza de que o espaço e o tempo estão muito ligados e de que é fundamental se sentir bem nos espaços em que vivemos. No próprio McDonald's, a gente pode fazer um monte de críticas, mas é um lugar onde há espaços pensados para a criança brincar, por exemplo, enquanto os adultos comem. Ela está fazendo algo prazeroso e não é obrigada a ficar sentada numa mesa. Ou seja, eles acolhem as crianças que estão chegando ali. Eles se propuseram a olhar aquele espaço e a pensar o que as pessoas que freqüentam aquele lugar gostariam de ter naquele espaço. Assim, pensei no que as crianças gostariam de ter num lugar onde vão para aprender. Então, propus que a gente desse muita atenção aos detalhes deste espaço, procurei me colocar no ponto de vista da criança, como ela iria se sentir ao longo do dia nesta Escola.

Então, pensei em lugares em que ela gostasse de estar sozinha ou com outras crianças, que pudesse dar vazão a seu imaginário. Para isso, deveriam ser dadas condições. Muitas vezes, as crianças deixam de fazer as coisas por falta de segurança, por falta de espaço, por falta de materiais. Pensei que isso poderíamos transpor para a escola. Baseei-me em coisas que já vinha percebendo, mas principalmente numa pesquisa que decidi fazer com as crianças. Era uma pequena conversa em que as mesmas verbalizavam suas preferências em termos de lugar onde gostavam de estar na escola, o que mais gostavam de fazer, com que jogos, brinquedos e materiais interagiam com mais prazer ou mesmo que lugares e brincadeiras faziam fora da escola. Isso foi registrado e mapeado.

Outro dado importante que me chamou atenção neste depoimento foi a consideração dada aos desejos das crianças, possibilitando, dessa forma, organizar um trabalho a partir de dados concretos, considerando suas experiências fora do âmbito escolar. Sobre isso, Bronfenbrenner afirma que a pessoa em desenvolvimento não é uma tábula rasa: define-se e é definida por diferentes influências. Existe um processo de acomodação mútua entre o ambiente e seus participantes. Esse ambiente não é único ou imediato e inclui relações com outros ambientes. Ao longo da história da educação, mais especificamente da escola, o que se observa é um espaço priorizado por mesas e cadeiras, onde se trabalhará, de preferência, com lápis e papel.

A intenção clara da proposta apresentada pela coordenação pedagógica é a organização de um espaço que prevê atividades diferenciadas em cenários adequados e igualmente diferenciados. Em dado momento da conversa com a coordenadora, isso ficou evidente:

Então, dentro da sala, como poderia ser? Estruturei espaços de palcos, fantasias, maquiagens, a fim de trabalhar com artes, colocando à disposição das crianças outros materiais com que cotidianamente não tinham contato, como purpurina, lantejoulas, papéis coloridos, tintas diversas, pincéis de diferentes larguras, rolos para pintar. Coisas de um ateliê, e "não de uma sala de aula". Hoje, por exemplo, temos cola quente, coisa que, no início, eles usavam em abundância, e agora posso dizer que usam "adequadamente". A idéia era de um espaço convidativo que pudesse ir sendo alterado pelas próprias crianças. Logo de início, por exemplo, surgiu o canto das coleções. Depois houve a fase dos clubinhos, faziam carteirinhas, regimentos, cabanas para ser a sede dos clubes. Tomei consciência de que o espaço não era somente o interno da sala de aula. A porta era mantida aberta, as crianças brincavam e criavam espaços no corredor, no pátio interno... Neste ano, montamos a *Chocofest* no corredor e foi muito bom... (ver Figura 3.1, a seguir)

Em relação a este tema, Gandini (1999) nos diz que as crianças devem sentir que toda a escola, incluindo espaço, materiais e projetos, valoriza e mantém sua interação e comunicação. O espaço não deverá ser somente um local útil e seguro, mas também deverá ser agradável e acolhedor, revelador das atividades que nele as crianças protagonizam. Assim, as paredes, a disposição das salas de aula, dos corredores e das aberturas e todo o resto expressam uma concepção de educação em que o desenvolvimento da autonomia e o acolhimento às crianças andam juntos.

Figura 3.1 – Crianças organizando a *Chocofest* no corredor da escola

Em vários momentos da conversa que tive com a Coordenadora Pedagógica, ficou explícito que sua proposta de trabalho para o turno inverso da Escola teve como ponto de partida a organização do espaço interno e externo, o qual é entendido como um lugar equipado com móveis, objetos, cheiros, luzes e decoração que permitiria às crianças e aos professores ricas interações. Evidenciava-se a idéia de utilizar essa estratégia na coordenação pedagógica de toda a educação infantil. Era clara sua intenção de iniciar a construção de um novo modelo pedagógico a partir das modificações dos espaços das salas de aula e das demais dependências da educação infantil. Esse encaminhamento tem respaldo no entendimento de que qualquer proposta pedagógica se constitui de diferentes componentes e de que o espaço físico é um deles. Entre essas partes, certamente há um elo, um fio condutor que perpassa todas elas. Se alteramos um dos componentes, todos os demais se alteram. As palavras da coordenadora comprovaram esse dado:

Quando terminou o primeiro ano desta experiência, todos percebiam que tinha dado certo, tanto pais como equipe administrativa da Escola. Começamos com oito crianças e terminamos o ano com 34. Muitas delas vieram procurar a Escola. Este espaço era dentro da educação infantil. Então, a vida que pulsava ali não era a mesma que pulsava nos grupos regulares da etapa infantil (NA, NB). Por exemplo, não se usava o espaço das salas de aula na perspectiva que lhe falei, de criar, de ter cantos para diferentes atividades. A própria proposição das atividades era completamente diferente. O que passava para as pessoas que transitavam por ali e simplesmente olhavam o espaço? Com certeza, que eram duas situações, duas propostas baseadas em referenciais diferentes. Então, a direção da Escola percebeu que era preciso mudar a educação infantil e convidou-me para coordená-la.

Ouvindo esse depoimento, observando as salas de aula do turno inverso e da etapa infantil, comecei a entender o por que de haver espaços tão distintos naquela Instituição.

De acordo com Wallon, o espaço é construído socialmente e é reflexo e, ao mesmo tempo, construtor de relações; nesse sentido, o que me propus a verificar foi se a ação pedagógica das professoras das turmas de NA e NB já citadas iria modificar-se em decorrência das alterações propostas na organização de suas salas de aula e dos espaços institucionais como um todo. Minha inquietação tem como foco principal a ação pedagógica das professoras. Investigar em que medida essa ação se modificaria com a transformação do espaço das salas de aula foi meu principal desafio.

Com o objetivo de registrar os espaços de duas salas de NB e uma de NA, realizei, ao longo do ano de 2001, quatro filmagens delas em abril, julho, outubro e dezembro. Visando a obter outros dados, observei esses espaços no primeiro semestre com uma periodicidade mensal e, no segundo semestre, semanal. Além disso, foram realizadas entrevistas com as professoras dessas turmas em três momentos distintos: no início do ano letivo de 2001, na metade daquele ano e no seu final. O acompanhamento de todas as reuniões de estudo durante o ano foi outro procedimento utilizado. Em alguns momentos, ao longo desse tempo, foram fotografadas as salas de aula citadas, bem como as atividades realizadas com as educadoras durante as reuniões pedagógicas.

Para fins de análise, as salas de aula, foco deste livro, serão denominadas SA (sala do nível A) e SB1 e SB2 (salas dos níveis B). As respectivas professoras serão denominadas de PA, PB1 e PB2. É importante salientar que o fio condutor que vai estruturar a análise dos dados tem como âncoras e pontos referenciais as quatro filmagens realizadas em abril, junho, outubro e dezembro de 2001.

NOTAS

1. Turno oposto é a denominação dada ao atendimento de crianças no turno inverso ao de sua freqüência às aulas. Sob orientação de uma educadora, são propostas atividades alternativas.

2. NA e NB denominam os níveis de atendimento na pré-escola. No NA, são atendidas crianças de 4 a 5 anos, e no NB crianças de 5 a 6 anos.

3. A autorização para realizar esta pesquisa foi dada pela direção da escola, em reunião realizada em 4 de abril de 2001, quando apresentei à equipe administrativa, pedagógica e aos demais profissionais da etapa infantil o projeto deste livro.

4. Essa tendência pedagógica privilegia o conteúdo científico que seja significativo, que responda ao homem na sua dimensão histórica, projetando-o para o futuro. Tem por base as contribuições principalmente de Paulo Freire, postulador de uma pedagogia emancipatória.

4
TESTEMUNHOS DA MUDANÇA: ANOTAÇÕES E REGISTROS

PRIMEIRAS CONSTATAÇÕES

Estávamos no início mês de abril. Minha proposta para coletar dados incluía, como já assinalei anteriormente, observações nas salas de aula. Julgo importante esclarecer que os três grupos eram compostos de crianças que já estavam juntas há pelo menos um ano.

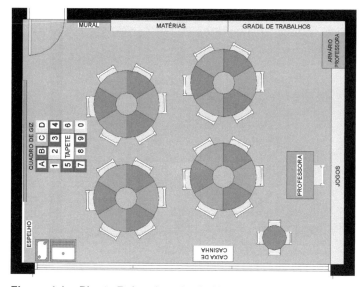

Figura 4.1 – Planta Baixa da sala do NB

Figura 4.2 – Sala do NA/abril

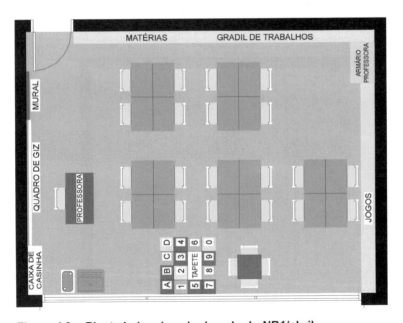

Figura 4.3 – Planta-baixa da sala de aula do NB1/abril

SABORES • CORES • SONS • AROMAS... ■ 53

Figura 4.4 – Sala do B1/abril

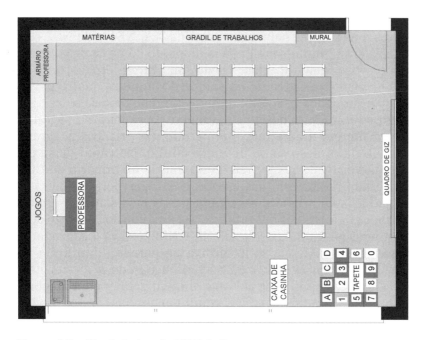

Figura 4.5 – Planta baixa do NB2/abril

Figura 4.6 – Sala do B2/abril

As fotos e as plantas-baixas das salas do NA, NB1 e do NB2 registraram que elas eram muito semelhantes no modo como se organizavam. A estrutura era basicamente igual. Havia um grande espaço central com conjuntos de classes e cadeiras; na parede dos fundos, quatro prateleiras com jogos, brinquedos e alguns materiais, como tintas, cola, tesouras, lápis de cor e folhas para desenhar. Somente a primeira e a segunda prateleiras estavam em uma altura que permitia às crianças pegarem algo sem o auxílio da professora ou de outro adulto. No canto dessa parede, no espaço não-ocupado pelas prateleiras, existe um armário do tipo convencional usado na maioria das escolas com duas portas chaveadas. As crianças não tinham acesso a esse móvel, pois nele somente eram guardados pertences e materiais das professoras. Próximo ao conjunto de mesas e cadeiras, mais ao fundo da sala, no NA e NB2, estava localizada a mesa da professora. No NB1, ela se localizava na parede junto a um grande quadro-negro, o qual ocupava quase toda a parede à direita da porta principal. O pouco espaço que sobrava era, em geral, ocupado por "tímidos" materiais para o faz-de-conta, como panelinhas, pratos, bonecas, e por um quadro mural. Na parede contígua, havia três janelas grandes que davam para o pátio, e, sob elas, uma mesa baixa com alguns brinquedos, um tanque para lavar as mãos, um bebedor e cabides para dependurar toalhas. Na parede oposta a essa, havia ganchos compondo o gradil para colocar os trabalhos. Poucas diferenças se percebem entre as três salas. As mesas e as cadeiras, por exemplo, nos NB, tinham modelos que reproduziam as usadas no ensino fundamental em tamanho menor. No NB1, eram agrupadas em cinco conjuntos e, no NB2, formavam dois grandes conjuntos. No NA, compunham hexágonos quando agrupadas, formando quatro conjuntos de mesas. Em relação às diferenças mais significativas entre as salas de aula, aponto a construção de um castelo em papel pardo num dos cantos da sala do B2. Nas salas do NA e do B1, o tapete e as almofadas, lugar para realizarem a roda,[1] localizavam-se na parede das janelas, mais ou menos ao centro. No NB2, esse espaço estava situado em frente ao quadro-negro.

Como as crianças brincam:
os jogos que não são jogados

Conforme Bronfenbrenner (1996), o microssistema, entre os vários sistemas ambientais, é o cenário mais próximo em que o desenvolvimento ocorre. Assim sendo, a organização do ambiente da sala de aula de uma instituição de educação infantil pode ser considerada como um microssistema e constitui-se, por excelência, em um local onde características físicas, sociais e simbólicas permitirão, ou não, conforme estiver estruturado, que muitas interações ocorram entre as crianças e entre as crianças e os objetos e os materiais.

Quando a forma como dispomos materiais e jogos é empobrecida e não desafia cognitivamente as crianças, perde-se a oportunidade de, através dessas interações e, como conseqüência, das brincadeiras que se criam, proporcionar a construção de conhecimentos. Durante o mês de abril, em um dos momentos de observação, percebia-se bastante barulho na sala de aula e crianças agitadas. Trocavam constantemente de atividade e preferiam correr pela sala. A professora cantava: *Guarda, guarda,*[2] e as crianças iam colocando brinquedos e jogos em seus lugares. Quase nenhum brinquedo da sala de aula precisava ser guardado, pois as crianças quase não tocavam neles. De modo automático, sentavam-se, alvoroçadas, na roda. A professora dizia: "Vou contar até dez e fechar os olhos. Quando abrir, quero todos sentados quietos". Quando acabava de contar, alguns ainda se agitavam.

Segundo Mussati e Mayer (2002), o contexto em que se desenvolve a experiência geral e cotidiana das crianças influencia a construção cognitiva delas de duas formas distintas e interdependentes:

1) o *microssistema* da pré-escola pode apoiar a motivação de saber das crianças, ajudando-as a identificar seus objetos de conhecimento;

2) o *microssistema* educacional pode consolidar nas crianças o hábito de se concentrarem nas tarefas, ajudando-as a focalizarem sua atenção continuamente em uma série de elementos.

Em especial sobre esse segundo aspecto, pude verificar, na realidade observada, que a organização dos espaços e o modo como se colocavam jogos e materiais na sala de aula não privilegiavam a concentração das crianças, ocasionando comportamentos passíveis de repreensão da professora. Em algumas situações, a educadora fazia ameaças. Na tentativa de dar mais força à coerção que exercia, incluía-me nelas, dizendo: "Ela vai anotar no seu caderno o nome de quem não está comportado".

Em meio a tal situação, meu sentimento era de constrangimento, e, nesses momentos, procurava conversar da maneira mais amigável que podia com o grupo. Em um certo dia, na seqüência dessa conversa, após muitos pedidos de atenção, a professora perguntou: "Quem quer saber alguma coisa sobre os castelos?". As crianças pouco se manifestaram, apesar da insistência da professora. Um menino disse que tinha uma novidade triste para contar, ao que a professora respondeu: "Não é hora de falar nisso, o assunto agora é sobre castelos...".

Além da pouca concentração das crianças nos jogos e nos brinquedos que a professora disponibilizava, ao negar a palavra para uma das crianças que desejava contar uma "novidade triste", a educadora evidenciou estar preocupada em dar seqüência a uma rotina e a um planejamento, desconsiderando o sentimento demonstrado pela criança. Essa atitude revela uma concepção pedagógica cuja preocupação está pautada no entendimento adultocêntrico de educação infantil, na qual a voz e a vez da criança não são consideradas. Esse aspecto também é manifestado, por exemplo, na ocupação das mesas e das cadeiras em um amplo espaço na sala de aula, o que não ajuda as crianças a brincarem e a jogarem, a não ser nas mesas e no chão, os poucos espaços que sobram. De acordo com Musatti (2002), a qualidade e a organização do espaço e do tempo no cenário educacional podem estimular a investigação, fazendo a criança se sentir parte integrante do ambiente. Além disso, os materiais e os jogos deverão ser instigantes e dispostos em locais acessíveis e atraentes, o que não acontecia no modo como os móveis e os materiais estavam dispostos. Eles não favoreciam interações muito ricas, tampouco atendiam às afirmações de Musatti.

Nos três grupos observados, ou seja, salas de NA, SNB1, SNB2, a organização do espaço revelava concepções pedagógicas relativas ao modo como as professoras se relacionavam com as crianças, à legitimidade de cada um constituir seu lugar e constituir-se como sujeito sócio-histórico. Na sala do NA, os quatro conjuntos de mesas formavam a figura de um hexágono, onde, em certa ocasião, ainda no mês de abril, a maioria dos meninos brincavam de montar legos.[3] Faziam carros, armas e conversavam muito entre si. Em outro grupo, juntamente com algumas meninas, desenhavam com canetas hidrocor. Um menino me chamou a atenção, pois "irradiava" o desenho que fazia. Havia ainda um grupo de meninas e um menino que brincavam em cima das mesas com uma boneca, desenhando modelos de roupas. Eram 14h15min, e as crianças precisavam interromper suas brincadeiras para fazerem a roda, respeitando a rotina diária. Os alunos demoravam um pouco a se acalmar. Alguns iam à janela observar as crianças brincarem no pátio. Era um dia lindo de outono. Se, por um lado, é importante a seqüência nos horários, tendo em vista a questão dos cuidados mais pertinentes dessa faixa etária, por outro, evidencia-se uma certa rigidez no cumprimento da rotina. Nesse aspecto, afirmo que, quando a organização do espaço não propicia a descentração da figura do professor e não promove a autonomia das crianças, temos de fazer todas as coisas ao mesmo tempo. A tese de Barbosa (2000, p. 224) discute as rotinas na educação infantil e aponta que elas são dispositivos espaço-temporais que, por meio de sua regularidade, auxiliam as crianças na construção de referências ligadas ao tempo e ao espaço.

Na SB1, como podemos observar na planta-baixa apresentada no início deste capítulo, o maior espaço é o ocupado com mesas e cadeiras. Nesse modo de montar o espaço, as crianças automaticamente se sentem impelidas a se dirigir a elas, com o agravante de serem classes em tamanho um pouco menor das usadas no ensino fundamental, o que, de certa forma, limita a interação entre as crianças e convida-as a realizarem atividades quase sempre sobre as mesas. Em dado momento, observei, nesse contexto, que os alunos pegavam jogos, como dominó, cartas, quebra-cabeças, jogos de encaixe com letras do alfabeto, a maioria deles trazido de casa. Um menino brincava sobre uma das mesas com um carrinho. Em volta de outra mesa, algumas crianças se envolviam com uma réplica de um castelo. A professora me explicou que esta era chamada de a mesa "das coisas interessantes": é a mesa dos brinquedos preferidos das crianças, também trazidos de casa. Pode-se destacar, nesse caso, que, apesar do modo de organizar o espaço, as crianças brincam, mas perdem na qualidade das interações, no contato físico, na liberdade dos movimentos e no toque, essencial à construção de vínculos afetivos. Como apontou Wallon (1989), nessa faixa etária, a idade do grupo desempenha um importante papel no processo de desenvolvimento, tornando-se o segundo pólo na escolha de seus motivos e de suas reações, ou seja, o outro na relação com o eu determina o que senti. Assim, os meios e os grupos que exercem influencia sobre as crianças são ampliados de ano para ano e passam a ser escolhidos segundo suas necessidades e preferências.

Uma vez que a organização do espaço das três salas observadas era semelhante, os comportamentos demonstrados pelas crianças eram parecidos. O grupo de meninos do NB2, por exemplo, em determinado momento da observação, dividiu-se. Uns brincavam em uma mesa com motocas que haviam trazido de casa; outros dois montavam a seqüência da rotina; outros, ainda, conversavam em torno de um vidro com água e espuma, dizendo terem feito uma experiência; três meninos corriam pela sala e eram repreendidos pela professora. Ela comentou: "Tenho uma combinação com eles, que não podem correr ou brincar de luta na sala, pois podem se machucar". O lugar para circular na sala era pequeno; mesas e cadeiras ocupavam o grande espaço da sala de aula. Os outros móveis e materiais se localizavam nos espaços "que sobravam", como embaixo das janelas ou no canto ao lado do bebedor. Cabe destacar que, no fundo da sala, havia prateleiras com jogos e materiais que, durante o tempo de minha observação, ninguém procurou, nem tampouco foi incentivado pela professora a fazê-lo. Em uma das paredes, eram colocadas as mochilas e os ganchos para exposição dos trabalhos. Além disso, havia um painel onde estavam postos assuntos referentes ao projeto em desenvolvimento. Na parede lateral, junto às janelas, havia um tanque e um bebedor. Naquele dia, o barulho na sala era intenso, e as crianças estavam agitadas. Trocavam constantemente de atividade e preferiam correr pela sala. Pude verificar, então, que, apesar das combinações feitas serem um modo democrático de relacionamento, a organização do espaço, ao impedir a liberdade das expressões lúdicas das crianças, criava uma dicotomia entre corpo e mente, ou seja, entre razão e emoção.

Wallon (1989) afirma que o desenvolvimento humano é geneticamente social, propondo que a criança seja estudada em um dado contexto. Na abrangência de seu objeto de estudo, sugere que a educação deve ter por meta não somente o desenvolvimento intelectual, mas também a pessoa como um todo.

É importante frisar que as prateleiras de jogos colocadas ao fundo das salas têm uma riqueza imensa de jogos; porém, na realidade, eles não oferecem às crianças uma experiência intensa que prenda sua atenção, porque não são atrativos, porque não são contextualizados na própria sala de aula, seja no modo como se organiza, seja com sua relação ao fazer pedagógico da professora. Sobre esse tema, Musatti (2002) diz que esse tipo de ambiente é chamado *generoso*, o qual resulta não somente da riqueza e da variedade dos materiais oferecidos, mas também das atitudes dos professores, implícitas no cuidado com que os materiais foram procurados, escolhidos e oferecidos às crianças. Explicando melhor essa idéia, reforço a premissa de que não basta colocarmos os materiais em prateleiras, bem alinhados. É fundamental a intervenção do professor para também encorajar os alunos a interagirem com eles. Muitas vezes, as crianças não jogam porque não conhecem o material e, por isso, não sabem como fazê-lo. Nesse ponto, ainda, minhas observações focalizam o papel que a professora desempenha nesse momento da rotina, chamado "brinquedo livre".[4] Na realidade, em muitas instituições de educação infantil, esse é o momento de as crianças brincarem "livremente". Nessa hora, a educadora pode realizar outras tarefas que são inerentes à sua função, como atender aos pais na porta, arrumar o material da sala de aula e, se "sobrar um tempo", olhar o que as crianças fazem e interagir com elas. Isso faz parte de uma concepção que vê a prática pedagógica muito centralizada nos momentos coletivos e direcionados pelo professor. Encontro respaldo para fazer essas afirmações nas idéias de Barbosa (2000, p. 224) quando chama a atenção para a necessidade da reflexão e do planejamento das atividades cotidianas na educação infantil. Ele destaca a sensibilidade do professor ao ... *dar-se conta do que há de educativo, de cuidados e de socialização nas atividades, nas conversas, nos atos que são realizados com as crianças. O quanto é importante ver e escutar o que há de alegria, de imprevisto, de inusitado, de animação no convívio cotidiano.* Enfim, o professor precisa entender que as suas ações, da organização do ambiente à solicitação de atividades, bem como os comportamentos e materiais oferecidos, têm repercussões no ato educativo.

Muitas dessas atividades se explicitam no jogo simbólico ou na brincadeira de faz-de-conta, emergindo como uma das possibilidades mais ricas de representação e de aprendizagem da criança. Inúmeras vezes me deparei com situações em que as crianças protagonizam o faz-de-conta. Certa vez, pude observar em SB2, meninos que brincavam com bonecos Pokemons,[5] próximos à prateleira com objetos para o jogo de faz-de-conta, enquanto as meninas, na sua maioria, brincavam com bichinhos de pelúcia trazidos de casa. Durante esse tempo, a professora tratava de organizar a sala, só interrompendo o que fazia para receber as crianças que chegavam aos poucos. Conforme Kohl De Oliveira (1993), a partir da perspectiva de Vygotsky, o brinquedo cria uma zona de desenvolvimento proximal, permitindo que sejam desempenhados papéis que cotidianamente a criança não teria condições de desempenhar. Por essa razão, os espaços devem ser evocativos desse ato de brincar, encorajando a criança a criar, expressar emoções e a interagir com outras crianças. Mesmo quando as salas de aula observadas não tinham espaços adequados para o jogo de faz-de-conta nem tampouco materiais apropriados, as crianças, ainda assim, protagonizavam enredos significativos. Na SB1, por exemplo, havia uma menina com um imenso cachorro de pano; outras tinham bichinhos pequenos (gato e urso). Brincaram por longo tempo sobre uma mesa baixa, perto do chamado "canto da boneca". Esse era, na realidade, um espaço muito acanhado e pouco convidativo à brincadeira. Ao lado, havia um tapete com almofadas, uma estante com poucos brinquedos e um espelho. Algumas louças em miniaturas eram usadas pelas meninas para darem comida aos bichos. Duas delas, em determinados momentos, iam até a prateleira de jogos, a qual se localiza no fundo da sala de aula e buscavam panos para enrolar os animais. O enredo evidenciado era o de colocar os bichos para dormir e dar-lhes comida. Pude detectar com clareza que essa cena se construiu pela vontade de as crianças brincarem, embora o espaço não tenha sido preparado para isso. Fato semelhante aconteceu na sala do SB1, quando observei algumas meninas que brincavam com bonecas que trouxeram de casa. É interessante dizer que os brinquedos trazidos de casa eram sempre os preferidos, como já havíamos descrito anteriormente. Em função disso, as professoras decidiram liberar as crianças para trazê-los quando desejassem. Sobre esse assunto, a professora PB1 comentou comigo: "Não existe mais o dia do brinquedo, conversei com os alunos e decidimos que poderiam trazer diariamente os brinquedos, com a condição de brincarem com eles na hora do brinquedo livre. Vinha percebendo que as crianças não brincam com os jogos da sala".

Há dois pontos fundamentais neste momento: um se refere ao significado do brinquedo trazido de casa, à conotação afetiva que carrega e seu funcionamento como um elo de ligação entre a casa e a escola (Winnicot, 1976); o outro diz respeito ao uso que as crianças fazem dos jogos da sala, utilizando-os como objetos para o faz-de-conta, como observei na sala do NA. Um menino pegava um carrinho réplica dos de supermercado e enchia-o com jogos da estante, localizada no fundo da sala de aula. Naquela ocasião, pensei que a criança pegaria vários jogos para jogá-los; porém, logo percebi que ela os usava para brincar com uma colega de festa de aniversário, ou seja, os jogos eram os presentes que a aniversariante ganhava.

Na seqüência de fatos observados, constatamos que as professoras abrem espaços para as crianças, mas isso não é o suficiente. Musatti (2002) afirma que, sem uma organização bem-estruturada, a rotina se transforma em uma seqüência de ações mecânicas. Ela deve permitir interações entre o educador e alunos e os entre os próprios alunos.

Essas interações têm relação com a organização e com a oferta de jogos e materiais às crianças, sendo o critério fundamental dessa seleção o desafio que o material traz. Em termos de espaço, não basta colocar jogos na prateleira e organizar cantos temáticos nas salas de aula. É muito mais do que isso. É perceber que jogos desafiam as crianças; é pensar em como, onde e quando o educador deve interferir junto às crianças e jogar pelo menos algumas vezes com eles. É poder imitar o outro, conforme o conceito vygotskiano de imitação, ou seja, a criança não copiará apenas o que o adulto lhe mostrou, mas reconstituirá sua ação a partir do modelo evidenciado.

A palavra das professoras:
evidências de uma concepção pedagógica

As escolas de educação infantil têm na organização dos ambientes uma parte importante de sua proposta pedagógica. Ela traduz as concepções de criança, de educação, de ensino e aprendizagem, bem como uma visão de mundo e de ser humano do educador que atua nesse cenário. Portanto, qualquer professor tem, na realidade, uma concepção pedagógica explicitada no modo como planeja suas aulas, na maneira como se relaciona com as crianças, na forma como organiza seus espaços na sala de aula. Por exemplo, se o educador planeja as atividades de acordo com a idéia de que as crianças aprendem através da memorização de conceitos; se mantém uma atitude autoritária sem discutir com as crianças as regras do convívio em grupo; se privilegia a ocupação dos espaços nobres das sala de aula com armários (onde somente ele tem acesso), mesas e cadeiras, a concepção que revela é eminentemente fundamentada em uma prática pedagógica tradicional.

Conforme Farias (1998), a pedagogia se faz no espaço realidade e o espaço, por sua vez, consolida a pedagogia. Na realidade, ele é o retrato da relação pedagógica estabelecida entre crianças e professor. Ainda exemplificando, em uma concepção educacional que compreende o ensinar e o aprender em uma relação de mão única, ou seja, o professor ensina e o aluno aprende, toda a organização do espaço girará em torno da figura do professor. As mesas e as cadeiras ocuparão espaços privilegiados na sala de aula, e todas as ações das crianças dependerão de seu comando, de sua concordância e aquiescência.

Na realidade observada, em muitas situações, as professoras revelaram em depoimentos e intervenções nas reuniões pedagógicas sua postura centralizadora. No momento da discussão de dois relatórios extraídos do livro de Madalena Freire, *A Paixão de Conhecer o Mundo*,[6] a primeira a se posicionar sobre o assunto foi a professora do NA, há 15 anos na escola. Sua fala denotava claramente sua dificuldade em "deixar de ser a figura centralizadora" de sua sala de aula. Afirmou, entre outras coisas, que

> O professor precisa organizar primeiro o grupo. As crianças não conseguem fazer isso sozinhas. Meu Deus! Essas brincadeiras de lutas... como vou trabalhar com isso...! Reler o texto de Madalena foi importante. É difícil que as crianças organizem o material. O livro diz uma coisa e fizemos o contrário.

Outra evidência de uma prática pedagógica mais conservadora diz respeito à formação de fila para as crianças entrarem na sala de aula.

Pelo que pude compreender até o ano 2000, as crianças chegavam à escola às 13 horas, o que ainda ocorre, permanecendo em um local comum sob os cuidados das auxiliares. Às 13h30min, tocava uma sineta para formarem fila e, dessa forma, dirigiam-se às salas de aula, pouco distantes da recepção. Cabe salientar que esse trajeto, além de curto, é seguro, considerando que o espaço destinado à educação infantil não é compartilhado por alunos de outras séries. Ele é todo cercado, e o acesso a esse local só é permitido a seus profissionais, às crianças e a seus pais. Por isso, apesar de entender que as filas são necessárias em algumas circunstâncias, como na prevenção de acidentes, ao evitar a dispersão de alguma criança, naquele contexto, seria dispensável. Esta situação foi alterada em março de 2001 por uma interferência da coordenação pedagógica. As crianças se organizariam para se dirigirem às salas sem ser necessariamente em filas. Tal atitude provocou reações contrárias em algumas professoras que se manifestaram verbalizando seu desagrado, como a professora do NB1:

> A fila organiza o trabalho; no começo, eles ainda não sabem se organizar. Me desculpe, M (coordenadora), mas deveríamos ser consultadas sobre a fila; afinal, somos especialistas em educação infantil. Eles se empurram, se batem, ainda não sabem andar em grupo sem se bater. A porta da sala tem tamanho pequeno para que todos entrem ao mesmo tempo. Eu não entendo o porquê de não entrar em fila. Não sei o porquê de a fila nos tornar mais ou menos tradicionais.

Nesse depoimento, pudemos perceber também a manifestação de repúdio frente à nova coordenação, bem como o "recado" de que as professoras também sabiam o que fazer em educação infantil.

É importante, também, destacar o modo como as professoras estruturavam suas rotinas de trabalho, revelando, através disso, suas posturas pedagógicas. Conforme Barbosa (2000), uma das características das rotinas pedagógicas é o fato de elas conterem a idéia de repetição, de algo que resiste ao novo e que recua frente à idéia de transformar. Além disso, elas são feitas a partir de uma seqüência de atos ou de um conjunto de procedimentos associados que não devem sair de sua ordem. Assim sendo, as rotinas têm um caráter normatizador. Na realidade observada, as rotinas das três salas obedecem a uma mesma seqüência. Ao entrarem na sala de aula, as crianças têm o chamado "brinquedo livre"; depois, organizam-se para fazer a roda; em seguida, é trabalhada uma atividade coletiva que, de modo geral, tem relação com o projeto ou assunto que está sendo trabalhado com elas. Segue-se higiene, merenda, recreio no pátio aberto ou coberto e uma atividade final, que é geralmente coletiva. Essas rotinas só se alteram para a realização de atividades especializadas, como música, educação física e computação. Pude observar, na realidade focalizada, que alterar essa rotina é algo muito difícil para as professoras. Com a proximidade da Páscoa, constatei uma situação que caracterizava de forma clara essa postura. Um coelho de "verdade" visitara a sala do maternal. A escola possuía um minizôo, muito bem cuidado, onde vivia esse coelho. Quando as crianças maiores perceberam que havia um coelho em uma das salas, saíram todas correndo; cercaram o bicho, cheias de curiosidade, muitas querendo dar-lhe comida, outras querendo segurá-lo. As professoras, muito aflitas, "recolheram" todas as crianças, dizendo que não era hora de ver o coelho, porque tinham outras coisas a fazer. "Controlada a situação", retomaram suas rotinas.

Em outra situação, como em uma das entrevistas que tive com a coordenadora pedagógica, verifiquei também questões interessantes quanto à visão dessa coordenação no que diz respeito ao modo como as professoras organizavam suas rotinas, bem como a dificuldade evidenciada por elas em propor atividades que não tivessem sua orientação. Foi-me relatado que, durante um dos encontros de assessoramento da coordenadora com a professora do NA, esta lhe disse: "Eu sei que não vai gostar do que eu fiz. No final da tarde, faço uma avaliação com as crianças. Levanto o polegar para quem se comportou bem, baixo para quem se comportou mal". A coordenadora prontamente lhe devolveu a questão: "Pense se eu fizesse isso em uma reunião pedagógica com vocês, professores... Então, como será que as crianças se sentem?".

Nesse diálogo, ficam evidentes dois dados: primeiro, a professora percebe que sua conduta não é adequada; segundo, a coordenadora demonstra muita habilidade quando a faz refletir, reportando-a a uma situação análoga, como adulta. O modo de interferir da coordenadora pedagógica, no decorrer de todo o processo, evidenciou sempre essa postura, ou seja, aproveitar todas as situações que surgiam para a prática da reflexão por parte das professoras. Outro exemplo foi o modo como a citada professora construiu sua rotina junto às crianças, relatado pela coordenadora:

> Ela me disse que as crianças constroem a rotina com cartelas com desenhos da professora e que era muito difícil fazer algo diferente. Perguntei, então: "Será que uma casinha simboliza para as crianças a saída?", "o que será que pensam?", "como podem simbolizar de seu modo?". Não sou eu quem vai dizer, mas as crianças, através da sua mediação.

Nesse depoimento, também ficou evidenciado que o trabalho era centrado na professora. Ainda durante a conversa, a coordenadora disse:

Percebo que a professora é a figura central do processo. Ela atua em uma estrutura espacial que reflete a do ensino fundamental, já que a maior parte das atividades é com papel e lápis. O brinquedo, a pintura, a música não estão presentes. Percebo que elas querem receitas. De alguma forma, isso elas tinham. Quando assumi essa coordenação, tentei, desde o início, acabar com tal procedimento.

Sobre o fato de as professoras necessitarem de receitas, um exemplo interessante aconteceu com a professora do NB1. Conforme a coordenação, ela iniciou um trabalho sobre Porto Alegre. As crianças haviam trazido materiais sobre pontos turísticos e fotos de ruas. Ao visitar a sala de aula, a coordenadora percebeu que as crianças estavam desenhando suas casas. Uma delas começou a desenhar seu condomínio: as casas eram todas iguais, e a rua não tinha saída. A coordenadora comentou comigo:

> A discussão poderia ter-se iniciado por aí. Dei várias outras alternativas à professora, e ela me disse que eu estava lhe dando muitas informações ao mesmo tempo, que iria anotar bem direitinho o que poderia fazer, mas uma coisa de cada vez. Respondi a ela dizendo que talvez ela não fizesse nenhuma delas. O que eu estava querendo lhe dizer é que, muitas vezes, o que nós pensamos que seja um bom início talvez não o seja para as crianças...

Um outro dado interessante que denota uma concepção pedagógica explicitada em uma relação vertical com as crianças é o fato de as educadoras terem uma mesa alta, bem maior do que a mesa das crianças, ocupando um espaço central e significativo nas salas de aula, o qual certamente poderia favorecer outras interações das crianças se trocado por outro material ou por outro brinquedo. Isso revela o que Lima (1989) afirma sobre as relações estabelecidas nos espaços escolares. Ela diz que essas não são relações entre iguais no sentido de que todos os envolvidos tenham lugar para opinar, para questionar, para descobrir, para aprender. Todo o esquema espacial reflete a relação de autoridade e de disciplina: a disposição das carteiras, a posição do professor; ou seja, tudo se volta para a tentativa de forçar o controle sobre as ações das crianças. Esse fato, de certo modo, comprova o dado de que, enquanto as creches se inspiraram, em sua origem, em modelos hospitalares, as pré-escolas tiveram a influência das escolas de ensino fundamental, principalmente aquelas que funcionavam junto às que atendiam esse grau de ensino.

Em síntese, em diferentes situações do cotidiano das professoras observadas, pudemos verificar evidências de uma prática pedagógica centrada em suas figuras. Em seus depoimentos, nas participações em reuniões pedagógicas, no desenvolvimento das atividades propostas, em suas contestações às propostas e aos encaminhamentos realizados pela coordenação pedagógica, isso se legitimou.

Estratégias da coordenação pedagógica: primeiros encontros hospitaleiros

As mudanças, de modo geral, geram conflitos nem sempre absorvidos pelas pessoas, ainda mais quando abordamos propostas inovadoras em ambientes escolares. Isso ocorre porque os envolvidos nesse processo sofrem influências de toda ordem, as quais, de fato, irão interferir no cotidiano de suas ações. Entre as influências possíveis, poderíamos citar o tipo de formação que o profissional teve, suas histórias pessoais, o tipo de instituição educacional na qual trabalha, o que envolve muitos ambientes.

Retomando Bronfenbrenner (1996), podemos considerar a escola onde os educadores atuam como um *microssistema;* nelas, os papéis desempenhados por eles e suas relações interpessoais acontecem em um ambiente onde muitos fatores se entrelaçam e dão-nos suporte para podermos entender seus posicionamentos e suas formas de atuar junto à própria coordenação pedagógica, junto a seus alunos e a seus colegas.

Como já citei anteriormente neste trabalho, os NA e NB tinham, até dezembro de 2000, uma coordenação distinta dos maternais e do berçário. A partir dessa data, toda esta etapa teria a mesma coordenação. Tal mudança gerou resistência por parte das professoras dos NA e NB. Percebi o primeiro entrave quando entrevistei, no início do ano de 2001 a nova coordenadora. No início, ela apontou como um dos pontos de dificuldade o fato de as professoras trabalharem há bastante tempo na escola sob outra perspectiva pedagógica. Sobre isso, afirmou:

> Eu vejo isso como um desafio. É muito mais tranqüilo poder selecionar profissionais; porém, não acho que todos devam pensar como eu. Não é por "osmose" que as pessoas vão aprender... O que eu tenho procurado, neste início, é que me aceitem como coordenadora. O começo está sendo bem difícil. Percebo que elas não acreditam nas minhas idéias. Elas viam a proposta do turno oposto e dos maternais e, certamente, pensavam: "essa pessoa vem para me botar de pernas para o ar!". Tinham medo, o que eu até entendo.

Como podemos perceber, as professoras de NA e NB teriam, *a priori*, colocada em dúvida sua forma de atuar, já que, de antemão, estabeleciam-se pontos muito antagônicos no fazer pedagógico delas e das classes coordenadas pela pessoa que agora assumia toda a educação infantil. Um dos aspectos mais visíveis era o modo como se organizavam os espaços. Conseqüentemente, as resistências começavam a surgir. Isso se explicitava no que a coordenadora dizia, nas falas das professoras, em seus olhares e entreolhares, nos gestos e na forma como elas se comportavam nas reuniões pedagógicas. Especialmente em uma situação de reunião no início daquele ano, pude constatar que a PB1 e a PA faziam uma ostensiva oposição à coordenadora: sentavam-se juntas, quase não participavam das discussões e entreolhavam-se quando a coordenadora se manifestava ou propunha algo.

Em uma das reuniões pedagógicas, o comentário feito por PB1, revelava seu descontentamento e sua reação à nova coordenação:

> Imaginem. Até o ano passado, estava escrito na agenda das crianças que não podiam tirar o sapato e a camiseta. Agora, parece que tudo pode. Agora podem fazer isso e tantas outras coisas, tomar banho de mangueira. É difícil mudar assim, de repente...

A essas resistências explicitadas em gestos, olhares e falas, a coordenação tratou de responder, de início, apostando em dois fatores que estão intimamente ligados à organização do espaço: acolhimento e aconchego. Os momentos escolhidos para atuar nessa dimensão foram prioritariamente as reuniões que se desenvolviam todas as quartas-feiras na Escola. Isso se manifestava, por exemplo, na forma como a coordenadora organizava as cadeiras (em círculo, sempre colocando uma mensagem alusiva ao tema a ser tratado, personificada em um cartão), no capricho evidenciado na confecção do material que usava, no modo como montava as transparências que iria utilizar, na música ambiental que colocava, no chá quentinho que oferecia nos dias mais frios, nas exposições dos livros mais recentes sobre o assunto que trataria naquele encontro, organizados em uma estante estrategicamente colocada, no planejamento cuidadoso da pauta de reunião. Em dada ocasião, quando o frio do inverno começava a se anunciar, encontrei um clima bastante afetivo na reunião de professores com a coordenação pedagógica: havia cafezinho e chá, pipocas, incenso. Em cada cadeira (de adulto), havia um trecho retirado do texto a ser trabalhado na reunião com uma bala "anexada", o qual dizia:

> É muito importante que você saiba LER o ambiente; do contrário, corre o risco de perder algumas coisas ou de interpretar outras de forma errada... Gostaria que você percebesse quão predominante é o ambiente em nossa experiência, seja porque identificamos nele um ponto fundamental, seja porque ele foi realmente fundamental. (Professora da Escola Villeta/ Regio Emilia)

Pudemos perceber que o conteúdo da mensagem tinha a ver não somente com as salas de aula das professoras, mas também com seus ambientes na escola, como, por exemplo, o local onde se realizava o encontro.

Yus (2002) nos diz que é preciso entender o papel dos professores em uma dimensão que combina sensibilidade estética e prática cientificamente assegurada. Sob tal perspectiva, sua aprendizagem é entendida como um processo orgânico e natural, e não como um produto que pode ser mudado de acordo com a demanda. Os professores devem ter autonomia para a elaboração e a implementação de ambientes de aprendizagem que sejam apropriados para as necessidades de seus alunos. É fundamental que os novos modelos de formação incluam o cultivo do próprio interior dos professores e seu despertar criativo. Nesse sentido, essa formação requer uma sensibilidade especial para os desafios do desenvolvimento humano, e não um pacote de métodos e materiais predeterminados.

Uma outra estratégia utilizada pela coordenação foi a de propor momentos de integração entre o grupo de professores, já que existiam os "velhos" (trabalhando há 10, 15 anos na escola) e os novos, recentemente contratados, selecionados pela coordenação que assumia o trabalho. Esse trabalho visava não somente a integrá-los como membros de um grupo, mas também a abrir caminhos para um trabalho de estudo e de reflexão que não fosse solitário. Mallaguzzi (1999) afirma que o co-ensino é o trabalho em forma de colegiado, representando um rompimento com a solidão e com o isolamento profissional e cultural dos professores. Uma das atividades propostas pela coordenação com o intuito de construir um grupo de professores foi a encenação da peça *A Margarida Friorenta* pelas próprias professoras. Esse teatro foi apresentado quando as crianças de uma creche carente, mantida pela escola, foram receber os chocolates e gêneros de uma campanha realizada. Os depoimentos das professoras após essa atividade evidenciaram como fatores positivos a integração das crianças e do próprio grupo de professoras.

Com relação às estratégias utilizadas pela coordenação, percebe-se que duas preocupações foram preponderantes no trabalho inicial a fim de romper a barreira da rejeição: apostar em tarefas que envolvessem todo o grupo, não impondo mudanças que não viessem das atitude das próprias professoras, e no trabalho de acolhimento e aconchego oferecido ao grupo, por meio da preparação do próprio ambiente, como a música, os pensamentos endereçados às professoras, o respeito pelas idéias que nem sempre coincidiam.

As mudanças nas atitudes das crianças e das próprias educadoras começaram a se construir em um processo que lentamente rompia com as estruturas arraigadas há tanto tempo.

AS RUPTURAS COM O CONHECIDO

Estávamos no mês de junho. No cenário que se descortinava, algumas alterações começavam a distinguir uma sala da outra, permitindo enxergar algumas características do grupo e de sua professora.

Figura 4.7 – Sala do A/agosto

Na sala do NA, evidenciavam-se as mais aparentes. Um dos quatro conjuntos de mesas que havia em março foi retirado, ficando uma área central mais livre. Abaixo das janelas, foi montada uma maquete de um parque dos dinossauros sobre um papel pardo. Areia, pedras e galhos recolhidos pelas crianças representavam o ambiente onde viviam esses animais pré-históricos. Uma barraca colorida também foi introduzida em um dos cantos da sala, e o tapete da roda foi deslocado para ficar próximo à prateleira de jogos, fora dos locais de maior circulação.

Figura 4.8 – Sala do B1/agosto

Na sala NB1, o tapete da roda e as almofadas permaneciam no mesmo lugar. As mesas e as cadeiras ocupavam um grande espaço, porém, com organização diferente da observada em abril. Um painel com fotos grandes das mães foi a única modificação observada, localizada ao lado do gradil dos trabalhos.

Figura 4.9 – Sala do B2/agosto

Na SB2, as mesas eram agrupadas em dois grandes grupos, localizados no sentido vertical com relação à porta da sala. Um mural sobre os castelos destacava-se em uma das paredes. Encostado nele, o tapete da roda e as almofadas se localizavam agora em um dos cantos da sala, em vez de estarem em frente ao quadro-negro. Sobre esse espaço, foi colocado um toldo. Também em todo o teto foram colocadas tiras de TNT (tecido muito leve, de baixo custo), rebaixando o pé direito da sala. A mesa da professora e as prateleiras permaneciam inalteradas.

Nesses três cenários, foi possível perceber uma prática pedagógica em que se esboçavam algumas modificações que se explicitaram, principalmente, no modo como as crianças brincavam, nas idéias das professoras que se construíam de modo diverso ao modo como trabalhavam anteriormente, nas atitudes da coordenação ao contemplar essas mudanças. O ambiente começava a dar vida a uma centelha de mudança.

Como as crianças brincam:
protagonizando enredos

O brinquedo sempre fez parte da vida das crianças, independentemente de classe social ou cultural em que estejam inseridas. O ato de brincar é tanto processo como modo; por conseguinte, qualquer coisa pode ser realizada de maneira lúdica.

Segundo Moylé (2002), a maior aprendizagem está em oportunizar à criança a aplicação algo da atividade lúdica em uma outra situação. Assim, o ato de brincar, como atividade, está constantemente gerando novas situações. Em termos de desenvolvimento, a criança sempre avança para um estágio posterior ao que vive. Essa idéia vem ao encontro do que afirma Vygotsky (1984) quando se refere ao jogo de faz-de-conta protagonizado pelas crianças, já comentado em capítulo anterior a esse.

É comum vermos as crianças protagonizando enredos e desempenhando papéis que dia a dia não realizam. Nesses enredos, via de regra, são reproduzidas situações vividas no cotidiano das crianças.

É interessante verificar que mesmo nas SBN1 e SBN2, onde as mesas e as cadeiras ocupam o maior espaço, as crianças vão buscando, por elas mesmas, locais mais apropriados para as brincadeiras, criando e modificando os materiais disponíveis. De acordo com Moylés (2002), nem sempre elas utilizam grande variedade de materiais, às vezes, restringem bastante os recursos. Na faixa de quatro a seis anos, a brincadeira tem regras e enredos bem explicitados, na qual é comum observarmos as crianças vivenciando cenas do seu cotidiano, criando um espaço de estar que lhes é próprio. Isso pôde ser constatado quando alunos do NB2 espalhavam eletronix[7] em cima das mesas, objetos que haviam trazido de suas casas. O enredo da brincadeira era colocá-los de pé, dizer o nome das letras e simular algumas situações, que cotidianamente vivem, como ir à escola, ir ao supermercado, jogar bola, brigar com os amigos. Em dado momento, fizeram casa para os eletronix embaixo das cadeiras. Esse grupo permaneceu durante todo o tempo do brinquedo livre nessa atividade.

Outro aspecto importante a ser considerado é que, a partir da realidade observada, ao criarem enredos, as crianças foram mostrando às professoras a necessidade de algumas mudanças na organização das salas de aula. Isso demonstra que, ao protagonizarem enredos, as crianças modificam o espaço e provocam na professora, no mínimo, inquietudes. Uma delas foi a necessidade de diminuir os espaços ocupados pelas mesas e cadeiras, comentado pela professora do NA:

> Eu preciso das mesas com espaço para colocar tintas e materiais no momento em que os alunos fazem trabalhos coletivos. É também o lugar em que merendam. Eu gostaria que a sala fosse maior. É incrível como as crianças vão determinando lugares. Uma coisa que observo da minha experiência é como gostam de brincar de cabanas, barracas. No ano passado, eu trazia panos, e eles faziam barracas cobrindo as mesas. Por exemplo, quero deixar o quadro-negro livre para eles desenharem (havia cartazes dependurados em boa parte dele). Enfim, eles vão explorando esse espaço, e a gente vai conhecendo o grupo.

Sobre essas questões, Malaguzzi (1999) considera que o modo como nos relacionamos com as crianças é fundamental, pois isso influencia nossas motivações e nossas aprendizagens, sendo que o ambiente deve ser preparado de forma a interligar o cognitivo ao relacionamento e à afetividade.

O brinquedo satisfaz as necessidades básicas de aprendizagem das crianças, como, por exemplo as de escolher, imitar, dominar, adquirir competência, enfim, de ser ativo em um ambiente seguro, o qual encoraje e consolide o desenvolvimento de normas e de valores sociais. Assim, deve haver também conexões entre desenvolvimento e aprendizagem, considerando a diversidade de linguagens simbólicas e, conseqüentemente, a relação entre o pensamento e a ação.

Isso é comum acontecer quando as crianças brincam em grupos. Em uma cena registrada no NB1, alguns meninos interagiam com bonecos Pokemons que trouxeram de suas casas. Eram muitos e eles os espalhavam no tapete, junto às almofadas. Conversavam, falavam muito em "evoluir" (as crianças me contaram que "evoluir" significa a transformação de um boneco que passa a viver em uma outra era com a missão de destruir o Mal) quando trocavam de bonecos entre si. Nesse contexto, os valores relacionados ao Mal e ao Bem são internalizados pelas crianças através das dramatizações e das histórias que protagonizam com os bonecos.

Nesta mesma ocasião, ouvi uma parte do diálogo de algumas meninas com bichinhos que trouxeram de casa (mais uma vez...). Eram leões, tigres e gatos de pelúcia. Elas, em cima das mesas de trabalho, montavam um enredo com cenas de alimentar os bichos, colocá-los para mamar na mamãe; simulavam cenas de brigas entre os irmãos gatos e a interferência da mãe tigre e do pai leão no sentido de apartá-los, dando sentido a cenas de seu cotidiano. Inclusive os diálogos que se estabeleceram denotavam a repetição de frases que certamente são ditas no dia-a-dia junto a suas famílias. Exemplificando o que afirmo, transcrevo o diálogo a seguir:

> Menina 1: Eles vão para o zoológico.
> Menina 2: A mamãe tigre não vai deixar...
> Menina 1: Vamos por os filhinhos para mamar...
> Menina 3: Papai caçou comida para os filhinhos e para mamãe...

No desenvolvimento deste enredo, o papai leão se aproxima e interfere dizendo que não é para ir ao zoológico. As meninas combinavam o que dizer e como seria o enredo e as regras do brinquedo. Nessa situação, reproduziram cenas de seu dia-a-dia, de brigas entre irmãos, da interferência dos pais. Miavam como gatos, rosnavam como leões, e papai leão chamava sua companheira de meu amor. Uma menina tossia muito, imitando estar doente e queixando-se para a mãe.

Na brincadeira, além de a criança protagonizar as vivências que acontecem em cenas familiares e os sentimentos advindos delas, ela viabiliza a possibilidade de criar regras e enredos que resultam em determinantes importantes na construção das condutas sociais exercidas na vida em sociedade, as quais são explicitadas no desempenho de papéis que as crianças assumem ao brincar. Por exemplo, na sucessão de ações desempenhadas na descrição anterior, a noção de papel apareceu como, segundo Oliveira (1988), um recurso de desenvolvimento mediador básico na relação sujeito-mundo a partir das novas situações criadas nas interações sociais. Ao confrontarem necessidades, sentidos e representações, as crianças continuamente negociam significados que atribuem a si mesmas e à situação como um todo.

A palavra das professoras:
as modificações no plano das idéias

Sem um fio condutor, o debate sobre a formação de professores se perde em um labirinto dos mecanismos institucionais e disciplinares (Perrenoud, 2002). No desenvolvimento do processo que acompanhei, uma das estratégias que a coordenação pedagógica usou junto às professoras, no intuito de conseguir que elas modificassem seus espaços, foi a reflexão sobre suas práticas. Considerando essa premissa, entendemos que as soluções dos problemas surgidos ao longo de uma trajetória não são conhecidos de antemão. Na verdade, esse é um processo de construção que sempre parte do que as pessoas já fazem e sabem e, de fato, sempre se parte de algo que já existe. Essa não é, na maioria das vezes, uma vivência tranqüila, sem "turbulências", pois "mexe e remexe" com crenças já construídas. No caso das professoras observadas, o modo como foram formadas e o tipo de proposta pedagógica que experienciaram são fatores importantes a considerar quando explicitavam o modo de organizarem seus espaços.

Para entender e poder ver com mais clareza como se construía, no plano das idéias das professoras, a organização do espaço de suas salas de aula, no início do mês de setembro, propus uma atividade de ordem prática em que as professoras, trabalhando com um material em miniaturas de móveis e objetos de uma sala de aula de educação infantil, montariam uma maquete que reproduzisse, em um primeiro momento, sua sala atual e, em um segundo momento, caso desejassem, a construção de um espaço considerado ideal. Os materiais expostos na foto foram, então, colocados à disposição das professoras.

Figura 4.10 – Materiais oferecidos às professoras

Alguns pontos chamaram a atenção na atividade proposta: em primeiro lugar, o desejo das três professoras de modificar seus espaços, utilizando uma organização espacial com cantos temáticos (faz-de-conta, biblioteca, espaço para roda, entre outros) delimitados pelos próprios móveis da sala. Na seqüência de fotos, a seguir, estão contempladas essas afirmações.

Figura 4.11 – Organização realizada pela professora do NA

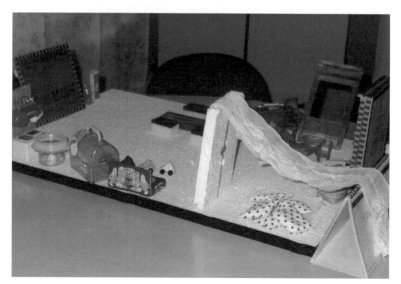

Figura 4.12 – Organização realizada pela professora do NB1

Figura 4.13 – Organização realizada pela professora do NB2

Determinados comentários das professoras denotavam preocupação, seja com o acolhimento e aconchego das crianças, seja com os modos de delimitar os espaços, conforme revela o depoimento da PB1:

> Eu quero continuar com a prateleira de jogos, mas não em toda extensão da parede. Quero-a menor. Eu pensei em fazer uma divisória com o armário dos meus materiais, fazendo um canto mais delimitado, onde faríamos a roda. Colocaria um toldo, para ficar mais aconchegante. As portas do armário serviriam para colocar o calendário, tudo o que se usa na hora da roda. Poderia colocar uma cesta com livros. Nas prateleiras, colocaria alguns brinquedinhos. Neste outro canto, eu acho que eu faria o cantinho das bonecas, com o espelho ao lado, e eu gostaria de colocar um baú com fantasias ou com uma arara. Aqui eu faria alguma trilha com algumas prateleiras para colocar carrinhos para os meninos brincarem; eles gostam tanto de brincar disso. Sobre as mesas, se a escola não tem dinheiro para fazer mesa, poderia fazer uma como a de churrasco, onde as crianças não ficassem com os pés abanando. O lugar onde colocar os trabalhos ficaria o mesmo. As mochilas, eu colocaria no outro canto. Acho que elas não atrapalhariam. O quadro para escrever poderia ser menor, reduzido à metade. O armário que me serve de divisória, na frente dele, eu colocaria, junto com o calendário, as atividades da rotina; no outro lado, eu faria como franelógrafos de antigamente com jogos de letras, de números de lixa, papel para escreverem. Na prateleira, os jogos deveriam ficar bem ao acesso das crianças. Se a mesa de churrasco tivesse uns encaixes, colocaria lápis, canetas, coisas assim, para que tivessem mais autonomia

para pegar materiais. Não dependeriam de mim para realizar as atividades que quisessem.

Essa mesma professora revelou também que começa a se dar conta de que o espaço é parte integrante da ação pedagógica, e não apenas um pano de fundo, conforme afirmou Campos de Carvalho (1994), idéia bem explicitada pela professora:

> Eu acredito que o espaço deve se tornar o meu aliado, meu parceiro de trabalho, para que eu possa oportunizar às crianças opções de atividades sem ser aquela coisa tão formal, com autonomia, independência e tranqüilidade, para que eu não precise ficar tão controladora delas. Hoje, por exemplo, uns meninos estavam brincando no corredor, as meninas estavam desenhando. Em outros tempos, eu não deixava sair da sala. Hoje eu me pergunto porque eles não podem brincar na rua? Eu tenho que respeitar o desejo das crianças. Não há necessidade de todos estarem fazendo as mesmas coisas ao mesmo tempo. Eles não procuram, por exemplo, os jogos da sala de aula. Eu tenho que ver essa questão, substituir por outros que desafiem mais as crianças. Eu acho que os que estão na sala de aula já não os desafiam mais.

Um ponto interessante de ser analisado se refere à proposta de diminuição do espaço ocupado pelas mesas e cadeiras, relacionando a mudança de atuação da professora com as crianças, afetando a própria dinâmica da sala de aula, bem como a iniciativa de povoar esse espaço com materiais e jogos interessantes, os quais desafiassem as crianças a desenvolverem-se em todas as áreas do conhecimento, abandonando, assim, uma postura de trabalhar "para" a criança e incorporando a de trabalhar "com" a criança. Na fala da PA, isso se explicita quando diz:

> Certamente eu posso mudar muitas coisas... Aqui eu tiro as mesas e as cadeiras e deixo-as somente neste canto. Vou fazer uma divisória com biombo para delimitar um canto para contar histórias, com almofadas. Ao lado dele, haverá um canto para casinha de bonecas, com cama, mesa, cadeiras e armário. Queria ter uns colchonetes na sala para as crianças virarem cambalhotas, brincarem de correr e se atirarem nos colchonetes. Esta seria uma área de maior movimento. Queria fazer um canto com pista para carrinhos, tipo autorama, com rampas. Neste outro canto, eu tenho bijuterias, maquiagem, secador de cabelo. É bom ter aqui uma prateleira baixinha, o baú das fantasias e o espelho. Eu acho legal, e as crianças também gostam muito... ao lado do bebedor. A prateleira, eu quero deixar bem baixa para as crianças alcançarem os materiais e os jogos. Vejo a necessidade de, muitas vezes, eles irem para o corredor, e decidi deixar. Eu posso permitir porque é uma necessidade

deles. Eles não atrapalham ninguém com isso. Tenho sentido que eles precisam mais de pátio. Tenho notado que eles estão muito agitados. Eles curtem espaços amplos.

Como podemos perceber, essa professora se questiona em relação à sua prática e, para isso, as reuniões pedagógicas de estudos, os textos trabalhados, a própria forma de atuar das crianças em sala de aula e o respeito às suas necessidades evidenciaram-se como fatores importantes de uma prática reflexiva. Perrenoud (2002) afirma que essa postura reflexiva do professor deve ser permanente, inserindo-se em uma relação analítica com a ação. Sua prática não é medida por discursos ou intenções, mas pelas conseqüências da reflexão no seu exercício cotidiano da profissão.

Nesses registros, podemos observar que, como a professora do NB1, a PA evidenciava um respeito ao tempo da infância, no qual um espaço social[8] fora construído. Ainda no que diz respeito às dúvidas que transpareceram em seu depoimento, é importante ponderar que elas revelavam, acima de tudo, uma tomada de consciência do processo de mudança pelo qual passava. São, na verdade, os tempos que cada um vive, os quais não se transformam como em um passe de mágica, constituindo-se em um processo que abre caminho, com certeza, para a reflexão e para a conseqüente mudança de atitude. Tal mudança, na verdade, não acontece em um dado momento como se um *insight* ocorresse. Ao contrário disso, como afirma Perrenoud (2002), esse é um processo de articulação entre o fazer e o refletir sobre esse fazer, o qual, por sua vez, apresenta rupturas, avanços e retrocessos.

Pude ainda perceber nas falas das professoras sua preocupação em observar as crianças e detectar o que é mais importante para o grupo, mesmo que isso ainda se concretizasse somente no plano das idéias. PB2 verbalizou:

> Eu estou sempre buscando alguma coisa. Ontem, as crianças queriam fazer uma selva. Propus, então, que fizéssemos um painel, o qual coloquei na parede ao lado da porta. Eu começaria usando mesas e cadeiras mais baixas, e não sei ainda onde as colocaria. Tenho uma certeza: quero tirar este armário onde guardo minhas coisas. As prateleiras dos jogos, a partir da terceira, quero tirar. Ao lado do tanque, poderia fazer um espaço para as fantasias, colocar o espelho, pôr um pano fazendo um toldo. Aqui colocaria livros, pois acho muito importante a leitura, alimenta a fantasia. Ao lado, com uma divisória, eu colocaria o tapete com as almofadas. As lixeiras, tenho de deixar aqui e faço alguma divisória, até uma arara[9] poderia ser. Deslocaria as mochilas para perto da parede das janelas e o quadro-negro somente o diminuiria. Queria ter mais um tapete. Atualmente, percebo que eles não gostam mais de brincar com os jogos da escola. A partir de maio, decidimos que poderiam trazer quando quiserem

brinquedos de casa, pois observei que eles brincavam melhor com estes brinquedos. Foi uma decisão minha, em conjunto com o grupo, e no começo foi mais difícil. Hoje eu percebo o quanto isso foi bom.

Ainda se referindo a sua vontade de mudar, completou:

> Eu estou aberta às mudanças. Lembro que, no início do ano, eu não concebia trabalhar sem minha mesa de professora. Hoje eu vejo as coisas de modo diferente. Eu estou mudando também meu modo de trabalhar.
>
> Reafirmo algumas questões que despontaram como indicadoras das idealizações feitas pela professora. Primeiramente, é preciso destacar o desejo de mudança manifesto na forma como colocaria móveis e materiais de forma diferente da atual, bem como a manifestação da capacidade de observação de seu grupo quando diz, por exemplo, que os jogos trazidos de casa são os preferidos, que as crianças já não brincam com os brinquedos da escola. Na verdade, esse fato, de início, mexe com a forma como a professora lida com essa situação, assim como manifesta seu temor de que *"isso não dê certo"*. Ela demonstra estar atenta, considerando o que o grupo de alunos deseja e tem necessidade.

Há pontos comuns nas atitudes e nos depoimentos das três professoras, apesar de, em suas realidades, aparecerem mudanças mais ou menos acentuadas. Por exemplo, a SB1, naquela altura do ano (setembro), ainda apresentava poucas modificações com relação ao início do ano. SB2 e SA apresentam modificações mais nítidas, como podemos constatar no início deste capítulo. Entretanto, as coincidências se referem, sobretudo, ao desejo de realizarem mudanças, ao fato de se sentirem questionadas em suas formas de darem aula e de se relacionarem com as crianças, e ao desejo de organizarem seus espaços em cantos temáticos. O entendimento dessas professoras sobre o tema vem ao encontro do que afirma Ganaza (2001) quando diz que esta é uma prática educativa que se fundamenta no interacionismo, cujo ponto de partida é a aprendizagem em interação, considerando o contexto cultural como fator preponderante no desenvolvimento humano. Sob essa perspectiva, as crianças aprendem por meio de sua própria atividade, não somente física, mas, em especial, mental, ainda mais se os contextos forem ricos e desafiadores.

Estratégias da coordenação: os vínculos se estabelecem

Anteriormente, foi destacado que a coordenação pedagógica encontrou, a princípio, algumas resistências por parte das professoras dos NA e

NB, por motivos já comentados neste trabalho. Analisarei agora se os vínculos foram se modificando e, ao mesmo tempo, fortalecendo-se à medida que as resistências iam desaparecendo.

A coordenação pedagógica tinha consciência da defasagem que existia entre o modo como as professoras organizavam seus espaços nas salas de aula e o modo como ela entendia que eles deveriam ser organizados na educação infantil.[10] Sua opção não foi a de deliberadamente orientar, de forma autoritária, novas organizações no espaço. Ao contrário, tratou, em um primeiro momento, de criar vínculos *com* e *no* grupo.

Os primeiros indícios de que esses vínculos se estabeleciam podem ser observados pela seguinte consideração: uma das reuniões se iniciou com comentários sobre as atividades da Festa das Mães. Foi enfatizado o espírito de equipe e de solidariedade vivido na atividade. PA deu um depoimento interessante: "*A XX (diretora da etapa infantil) nunca foi tão próxima a nós. Olha, gurias, eu estou aqui há muitos anos e nunca a vi tão envolvida. Também a YY (secretária da direção) nos ajudou muito, interagindo com as crianças, coisa que não acontecia*". PB1 também opinou, dizendo que, em outras ocasiões, fez críticas à coordenação, mas que agora queria fazer um elogio, pela disponibilidade e pelo auxílio que deu a todas as atividades da festa. A coordenadora aproveitou o ensejo e falou sobre a importância de um trabalho de equipe, relembrando Gardner, e comentou que ele havia dito essas palavras após visitar Reggio Emília. Complementou dizendo que um trabalho de equipe só se realiza se todos estiverem imbuídos na tarefa. Observou ainda que tem notado que começa a se estabelecer um grupo na etapa infantil. De fato, o clima da reunião era de descontração e de bastante entusiasmo. Todas as professoras foram unânimes em falar sobre "a loja de cosméticos" em que se havia transformado o corredor da etapa infantil, atividade pensada pelo grupo do turno inverso, para a Festa das Mães, onde as crianças fabricaram perfumes, cremes e sabonetes, simulando lojas que vendem "de verdade" os produtos que haviam fabricado. Comentaram de como o espaço ficou interessante e o quanto as crianças se envolveram na atividade, desenvolvendo-se com autonomia e entusiasmo no desempenho do papel de lojistas.

Percebe-se que o trabalho em equipe buscou um objetivo comum, no caso a organização da Festa das Mães, essa atividade, além de ser um elemento estruturador na construção de vínculos do grupo entre si e do grupo com a coordenação, permitiu às professoras verem as crianças no desempenho de papéis que lhes possibilitavam realizar atividades que, no seu dia-a-dia, não costumavam fazer. Mais uma vez, fica ilustrado o quanto o ambiente pode ser propulsor do desenvolvimento infantil quando é rico e desafiador, como no caso das lojas de cosméticos. Por ser uma festa que envolveu toda a etapa infantil e o turno inverso, a coordenação pôde desempenhar o papel de articuladora, buscando objetivos comuns e, ao mesmo tempo, promovendo situações para integração dos diferentes elementos do grupo.

Outro dado que se soma a esse foi o modo como a coordenação buscou entender à trajetória de cada professora, trajetória essa que se estrutura a partir de uma rede de relações (Rossetti-Ferreira, 1993), nas quais fatores externos (políticos, econômicos, sociais, culturais), vividos não somente no *microssistema* em que estão inseridas as professoras (nesse caso, a escola), têm repercussões nos atos cotidianos que desempenham, seja ao se relacionarem com as crianças, seja ao se relacionarem com a própria coordenação, com as famílias das crianças e com suas figuras de apego. Desse modo, as experiências vividas fora da escola e o tipo de formação profissional das educadoras evidenciam que suas formas de agir não são lineares e não se modificam "como em um passe de mágica". Segundo Rossetti-Ferreira (1993), o comportamento é um fluxo contínuo, recortado, interpretado, significado pelas ações do outro e da própria situação, sendo continuamente constituído e transformado. Nesse processo, ocorre uma transformação na rede de significados. Acontecem, então, as rupturas em relação aos modelos antigos de sentir, agir e pensar. Alguns depoimentos tomados ao longo do processo, em entrevistas e conversas com as professoras, mostram que cada uma percorreu uma trajetória profissional, tendo formação diferenciada, mas tendo em comum o fato de terem se especializado para exercerem a função de professora de pré-escola.

No sentido dado por Perrenoud (2002), a formação do profissional é articulada no processo de ação e reflexão de sua prática; portanto, não existe um momento em que é considerada concluída. As seguintes falas mostram que as professoras observadas tiveram uma formação acadêmica diferenciada:

> **PA:** – Estou há 17 anos nesta Escola. Antes, trabalhei dois anos em outra escola. Tenho especialização em educação infantil no ensino médio. Minha formação em educação superior é Letras na UFRGS. Trabalhei também com maternal e NB.
>
> **PB1:** – Tenho formação em magistério e pedagogia. Fiz curso de especialização em educação infantil. Estou há nove anos na Escola e, antes disso, trabalhei seis anos em uma escola pública onde ainda trabalho. No magistério estadual, desempenhei, além de docência, as funções de vice-diretora e coordenadora pedagógica.
>
> **PB2:** – Tenho formação em magistério e especialização em educação infantil. Fiz o curso de formação pedagógica no Colégio Cruzeiro do Sul. Sonhava

ser médica, fiz três vezes vestibular para medicina. Desisti e fui ser professora. Atualmente, faço pedagogia na PUC. Trabalho há nove anos na Escola e, antes disso, trabalhei três anos em escolas pequenas.

Se não houvesse um investimento no exercício cotidiano da reflexão sobre as suas ações, certamente um processo de estagnação aconteceria e, por conseguinte, o trabalho seria, no mínimo, muito empobrecido. O envolvimento de todo o grupo nas propostas feitas pela coordenação, bem como o acolhimento de sugestões dadas pelas professoras, foi uma das estratégias utilizadas na organização dos espaços coletivos e na busca da construção de vínculos entre os componentes do grupo e entre ele e a coordenadora.

Quando o grupo pensou em uma proposta de organização do espaço da recepção, isso foi discutido, a princípio, em uma reunião pedagógica, na qual novamente encontrei um clima de muito acolhimento e aconchego: incensos, bolos de abacaxi e laranja, sucos e café. Se, no início daquele ano, os olhares e os gestos denotavam resistência e até certo ponto rejeição, agora isso foi substituído por uma cumplicidade e um afeto pedagógico e interpessoal. O início de noite prenunciava um friozinho agradável. Na outra vez, encontrei, em minha cadeira, assim como nas demais, um trecho do texto a ser trabalhado na reunião; dessa vez, ele estava acompanhado de um bombom:

> Valorizamos o espaço devido a seu poder de organizar, de promover relacionamentos agradáveis entre as pessoas de diferentes idades, de criar um ambiente atraente, de oferecer mudanças, de promover escolhas e atividades, e devido a seu potencial para iniciar qualquer espécie de aprendizagem social, afetiva e cognitiva. Tudo isso contribui para uma sensação de bem-estar e segurança nas crianças. Também pensamos que o espaço deve ser uma espécie de aquário que espalhe as idéias, os valores, as atitudes e a cultura das pessoas que vivem nele. (Malaguzzi, 1999, p. 86)

A coordenadora iniciou a reunião apresentando *slides* dos espaços das escolas de Reggio Emilia. Em determinado momento, chamou a atenção das professoras para o espaço da recepção de uma das escolas. "Vocês observaram como eles dão ênfase à intimidade, ao acolhimento e ao aconchego? Isso ocorre desde a recepção: as crianças são acolhidas de forma diferente."

Os comentários se voltavam agora para o espaço da recepção. A PB1 disse que uma das coisas que mais lhe chamou a atenção na leitura do texto foi o fato de a recepção das escolas da Reggio Emília serem tão "acolhedoras", o que a fez imediatamente compará-las com a frieza da recepção da sua Escola. Após vários comentários, a coordenadora propôs: "Então, na próxima reunião, vamos trabalhar em cima disso. Vamos repensar nossos espaços. Hoje nós vimos as coisas no plano das idéias; no próximo encontro, vamos ver questões mais práticas".

Esse encaminhamento da coordenadora demonstra mais uma vez que o modo de conduzir as mudanças e o seu encaminhamento sempre emergem do grupo como respostas aos seus questionamentos, os quais, por sua vez, são embasados e ilustrados na teoria. Isso revelava uma preocupação permanente com o processo de formação docente.

A criação de espaços coletivos, compartilhado por todos os professores em um diálogo amplo, permite o entendimento de que eles, ao serem acolhedores e hospitaleiros, possibilitam o estabelecimento de vínculos afetivos que dão suporte ao aprendizado. Contudo, esses espaços, extensão das salas de aula, não são apenas lugares marginais, e sim constituem-se como lugares de ser e de estar presentes na escola, sintetizadores de múltiplas relações. É fundamental que expressem a cultura do grupo e que explicitem as necessidades dos educadores e das crianças, assim como manifestem os anseios dos pais/mães e as aspirações do projeto político-pedagógico escolar. Se nos reportarmos ao documento, no qual se insere o projeto maior da Escola observada, constatamos que, desde sua fundação, ela define meta geral: "construir o currículo de modo a contemplar o aluno em sua totalidade como ser físico, psicológico, cognitivo e moral, instrumentalizando-o para atuar na transformação da sociedade e na construção progressiva das condições necessárias ao seu êxito e felicidade pessoal". De acordo com Greenmann (1988), o ambiente é um sistema vivo em transformação. Inclui o modo como o tempo é estruturado e os papéis que devemos exercer, condicionando a forma como nos sentimos, como pensamos e compartilhamos, afetando, assim, nossas vidas.

Na seqüência deste trabalho, analiso a diversidade nas trajetórias das professoras, evidenciada através da modificação de alguns espaços na organização da sala de aula e, como conseqüência, a interação entre ele e as crianças. Ao lado disso, analiso como seus discursos foram se construindo e como a coordenação pedagógica direcionou o trabalho de uma forma mais objetiva.

A DIVERSIDADE NAS TRAJETÓRIAS

O segundo semestre se iniciara. Era mês de agosto. As caminhadas de cada educadora e de seu grupo se diversificavam mais em um espaço onde outras modificações eram acrescentadas.

Figura 4.14 – Sala do Nível A/outubro

No NA, a mudança mais significativa foi a introdução de um canto de faz-de-conta, onde foram colocadas, em frente ao espelho, a mesa (feita de uma caixa de papelão), as cadeiras, a toalha, o vaso de flor, o tapete, as bonecas sentadas nas cadeiras, os pratinhos e as xícaras. Um painel de papel pardo pintado pelas crianças ocupava o espaço anteriormente destinado ao parque dos dinossauros. Um brinquedo de plástico colorido representando uma banca de frutas, com prateleiras e gaveta para colocar dinheiro, foi colocado em um dos cantos da sala.

Figura 4.15 – Sala do Nível B1/outubro

No NB1, a prateleira localizada ao lado do bebedouro e do tanque, onde, segundo a professora, era o canto do faz-de-conta, havia, agora, mais brinquedos. As mudanças mais significativas foram a retirada da mesa da professora, a introdução de um aparelho de som trazido da casa da educadora (colocado embaixo da última janela em relação à porta de entrada) e, em um dos cantos da sala, um castelo medieval feito de isopor.

Figura 4.16 – Sala do Nível B2, outubro

No NB2, foram colocados móbiles no teto, e uma casinha de boneca foi montada em um dos cantos da sala. A mesa da professora foi retirada, e o mural substituído pelo tema "natureza". A professora introduziu uma estante, fazendo um recanto para demarcar a casa de bonecas. Havia tapetes, almofadas e um armário com roupas de bonecas. Uma cesta forrada com pano xadrez continha xícaras e pratos. A prateleira de jogos foi reciclada, muitos deles foram retirados, e, nas caixas plásticas, foram colocados panos, bijuterias, contas, papéis coloridos.

Como as crianças brincam: a interação em cantos temáticos

Neste trabalho, já afirmei que o meio social desempenha um papel fundamental na construção do conhecimento (Vygotsky, 1984). Nessa perspectiva, a interação social é entendida como um ingrediente básico dessa construção. Se acreditamos em tal premissa, a conseqüente implicação pedagógica que emerge é a de que a forma como organizamos o espaço nas salas de aula e nos demais espaços coletivos da escola possibilita ou inibe interações sociais.

Igualmente afirmei que a organização do espaço em cantos temáticos, como o da boneca, o da biblioteca, o das diferentes linguagens, entre outros, possibilita um entendimento de uso compartilhado do espaço, onde, ao mesmo tempo, são possíveis escolhas individuais e coletiva, as quais certamente favorecem a autonomia das crianças, estimulando-lhes a zona de desenvolvimento proximal (Vygotsky, 1984). Os procedimentos e as técnicas de ensino se tornam mais flexíveis, abertos e dinâmicos, favorecendo a exploração ativa do ambiente escolar, promovendo a possibilidade da criança manipular, jogar e experimentar sem a constante intervenção direta do educador. Este é um fazer pedagógico que possibilita o descentramento da figura do adulto, levando em consideração as necessidades básicas e as potencialidades das crianças. Essa forma de organizar o espaço permite quebrar o paradigma de uma escola inspirada em um modelo de ensino tradicional de classes alinhadas, umas atrás das outras.

É importante considerar que o modo de organizar os materiais e colocá-los em locais "convidativos e acolhedores" no espaço da sala de aula incita as crianças à interação, motivando o protagonismo infantil nas ações que se desenvolvem na sala de aula. Musatti (2002) denomina de *ambiente legível* aquele que se torna compreensível e significativo para as crianças, com materiais que as auxiliam a identificar as suas diferentes funções. Ao entrar na sala de NA, encontrei algumas meninas sentadas no tapete, onde havia algumas almofadas. A cena observada ilustrou como as crianças foram protagonizando enredos. Uma delas tinha um copo com massa de modelar nas mãos e discutia como brincar sob a liderança da que trouxera o pote. A professora se aproximou desse grupo com uma boneca na mão, perguntando de quem era "a filha". Iniciou-se, então, uma brincadeira com bonecas sobre o tapete. Elas passaram a brincar nesse local, dando o pote de comida às bonecas. Criavam, dessa forma, cenas de seu cotidiano, como tomar banho, comer, dormir, ir para escola. Quando representavam o estar na escola, utilizavam as mesas e pegavam nas prateleiras cola, lápis, tesoura, massa de modelar, tintas, entre outros, alguns outros materiais e desenhavam.

É interessante ressaltar, nesta cena, como as crianças utilizavam diferentes cantos temáticos da sala, de certo modo usando-os de forma integrada. Isso se evidenciou quando a brincadeira, que se iniciou no canto da casa, "evoluiu" para o local onde estavam as mesas e os materiais para pintar, desenhar. A respeito desse aspecto, Zabalza (1987) diz que o espaço na educação é formado por uma estrutura de oportunidades, um fator externo que favorecerá ou dificultará o processo de crescimento pessoal e o desenvolvimento das atividades de ensino. Salienta, ainda, que a organização do espaço na educação infantil deverá facilitar a transformação desta organização. Assim, o tapete, que serve para fazer a roda e ouvir histórias poderá se transformar na sala de uma casa montada pelas crianças; as mesas, em uma escola, e assim por diante. Isso confirma as afirmações de Rossetti-Ferreira (1997) quando considera o espaço coletivo da pré-escola como lugar de interações e aprendizagens entre pessoas e os saberes construídos, tendo em vista a matriz sócio-histórica em que se inserem.

Uma constatação importante diz respeito ao quanto as crianças foram mobilizadas pelos cantos que elas construíram juntamente com a professora e que estavam intimamente relacionados ao temas dos projetos[11] desenvolvidos em sala de aula. Caberia aqui destacar que esse modo de organizar o ensino tem como fundamento saber partir de uma situação problema e, através de um fio condutor, ir estruturando e "costurando" idéias centrais e conceitos, em uma perspectiva interdisciplinar, buscando levar em conta os verdadeiros vínculos e as conexões dos conhecimentos. Esse modo de concretizar o currículo escolar se apóia na premissa do aprender a aprender em uma dimensão sociointeracionista e, sob essa perspectiva, a organização do espaço em sala de aula é fator preponderante. Entre outros fatores, os materiais, os livros e os objetos deverão estar dispostos de modo que o aluno interaja com eles sem a intermediação sistematicamente direta da professora na construção dos conhecimentos envolvidos e mediados no projeto em desenvolvimento.

Em certa altura, no decorrer daquele ano letivo, a professora do NB1 mostrou-me entusiasmada um castelo medieval feito de isopor. Esse foi um trabalho realizado em parceria com uma mãe arquiteta, a partir de um projeto feito junto com as crianças, o qual tratava sobre as relações entre diferentes tipos de moradia e os modos de vida dos indivíduos. Elas colaram, cortaram e trabalharam em grupo montando o castelo, usando cola quente, o que lhes agradou muito, segundo palavras da professora. Após algumas discussões com o grupo sobre onde estaria mais bem colocado, decidiram que seria em um dos cantos, próximo ao tanque. As crianças seguidamente brincavam de cavaleiros que "vão e voltam das guerras". A professora, muitas vezes, era chamada a participar da atividade, como no momento em que a "roldana do fosso" do castelo não funcionava. Por longo tempo, os meninos e as meninas brincaram com os bonecos de plástico, usando o castelo como foco do brinquedo.

Além dos cantos criados pela professora, constatei que as próprias crianças foram criando outros, através dos enredos que se repetiam durante alguns dias.

Se a professora permite às crianças a construção desses espaços, compartilhando com os alunos as suas normas de funcionamento, certamente vínculos de confiança serão estabelecidos. As possibilidades de múltiplas vivências permitirão o contraponto nas idéias e nas opiniões diferentes entre as crianças, estabelecendo na sala de aula um clima de cumplicidade. Os alunos do NB1 demonstraram como estruturaram cantos através da própria brincadeira quando, por exemplo, os meninos que jogavam com Pokemons se dirigiram para a prateleira da casinha de bonecas, próxima ao tanque. Um se sentou em frente ao espelho, e o outro o penteou com uma espécie de espátula plástica, molhou o cabelo, fez um topete. Para cortar o cabelo, utilizou uma faca de plástico usada nesse canto da casinha. O terceiro menino fazia cafezinho com água e servia aos "clientes". Achei interessante esse enredo, em primeiro lugar, porque envolveu meninos na atividade mais procurada pelas meninas; em segundo lugar, porque o envolvimento dos meninos nesse enredo levou a duas cenas de faz-de-conta: ser cabeleireiro e fazer café, enriquecendo a brincadeira. Conforme depoimento da professora, a brincadeira vem se repetindo, e os "topetes" feitos nos cabelos eram muito cuidados durante a tarde para não se desfazerem. Na interpretação de Bronfrenbrenner (2000), o espaço ecológico por ele defendido pode ser evidenciado nessa cena, na medida em que as transformações no corpo (no caso, cortar os cabelos e fazer topetes) foram possíveis, porque o espaço estava organizado de tal modo que possibilitou uma integração sujeito-ambiente.

Na realidade observada, a fala das professoras e suas atitudes em sala de aula foram, de certo modo, evidenciando a reciprocidade nesse processo. Ora as crianças iam mostrando ricas interações nos novos espaços construídos, ora isso começava a modificar posturas pedagógicas das professoras. No próximo item, esse tema será abordado.

A palavra das professoras: ação e reflexão das idéias

O modo como o espaço foi se modificando nas salas de aula observadas teve correspondência nas atitudes das professoras e em seus depoimentos, tendo em vista que, dia a dia, através da observação de como seus alunos brincavam, dos materiais que preferiam, dos locais onde mais prazerosamente trabalhavam, as professoras eram instigadas a se questionarem sobre seus "caminhos pedagógicos".

Perrenoud (2002) diz que a forma de agir e de estar no mundo de uma pessoa não pode mudar sem transformações advindas de suas atitudes, de suas representações, de seus saberes, de suas competências e de seus esquemas de pensamento e ação. Essa modificação pode ser até modesta, limitando-se a modificar um pouco o olhar sobre as coisas.

Como já foi dito anteriormente, a trajetória pessoal de cada professor intervém de modo significativo nas mudanças buscadas. Na Instituição observada, as propostas de transformações pretendidas pela coordenação pedagógica não foram ditadas de modo autoritário e muito menos determinadas através da imposição de um modelo único de organização de sala de aula. Por todos esses motivos, os caminhos trilhados pelas educadoras foram diferentes; além disso, seus espaços e suas idéias pedagógicas não foram semelhantes. Posso afirmar que a trajetória diferenciada de cada uma se explicitou por fatos que puderam ser constatados de imediato. A retirada da mesa da professora, a substituição do quadro de giz por um de menor tamanho, a criação de um canto mais rico e acolhedor para o jogo de faz-de-conta aconteceram nas três salas em momentos bem distintos e diferenciaram-se até pelo local onde foram colocados nos espaços, pelas cores e pelas formas. A semelhança observada no início daquele ano nas três salas de aula não existia mais, dando lugar a cenários mais hospitaleiros e identificados com seus atores, ou seja, as professoras e as crianças que ali conviviam. Ao lado disso, o modo como as professoras expressavam suas idéias também denotava mudanças no que diz respeito à sua postura diante das crianças e à sua própria conduta pedagógica. Em um dos encontros de estudos, a coordenadora apresentou às professoras um vídeo, o qual retratava uma escola de educação infantil de Barcelona, onde os espaços se organizam através de organizações de espaço semi-abertas, delimitando cantos temáticos. Em dado momento, chamou a atenção sobre as divisórias das organizações dos espaços. Eram meias paredes de casas de bonecas, por exemplo, com janelas e portas, dando muitas possibilidades de as crianças interagirem, de se olharem, ao mesmo tempo em que permitiam ao professor acompanhar a atividade que a criança fazia. A coordenadora disse que essas divisórias eram possíveis de serem feitas, por exemplo, com tijolos de "caixas de leite" vazias. Podia-se, assim, construir paredes e divisórias com custo baixo. Nessa oportunidade, PB2 chamava a atenção do grupo sobre o aconchego dado por tapetes, almofadas e lustres "de guarda-chuva" nos cantos da biblioteca e das rodas, o que dava um clima muito especial, com o auxílio de objetos e cores.

A respeito do aconchego e da preocupação estética, Vecchi (1998), consultora pedagógica de Reggio Emilia, diz que a dimensão estética pertence naturalmente à criança e que o belo atraiu desde sempre os homens. Afirma também que o sentimento de cuidado, o aconchego e a hospitalidade fazem parte de tradições muito antigas. Acredita que a pedagogia e a didática revelam sua atenção ao cuidado com o ambiente naquilo que permitem, naquilo que negam, naquilo que comunicam. Os móveis e os objetos devem privilegiar e favorecer, com uma especial atenção, a sensibilidade e a relação do homem com o ambiente. Eles retratam um ambiente de vida, onde se respira uma atmosfera culta e atenta às inteligências e às sensibilidades que pertencem aos indivíduos desde que nascem. Um ambiente que não é categorizado como uma escola de ensino fundamental, nem como a casa das crianças, com todos os estereótipos que derivam disso, mas é um local multifuncional, onde as crianças e os adultos trabalham com instrumentos antigos e atuais, discutem, ouvem, comem, dormem, vivem o hoje com cuidado, inteligência, charme e atenção às relações.

Durante aquele ano letivo, constatei que, em especial, a PB2 se destacava nas questões estéticas, procurando dar mais acolhimento a seu espaço. Primeiramente, montou um castelo em um dos cantos da sala, local onde as crianças brincavam muito; em outro momento, rebaixou todo o teto de sua sala de aula com tiras de pano leve e tons pastéis; em certa ocasião, montou com as crianças uma toalha de piquenique com retalhos de tecido, onde, em sua volta, muitas vezes, seus alunos merendavam. Seu procedimento se diferenciava em alguns aspectos de suas colegas. Em parte, a explicação para isso veio quando, em um de nossos encontros, verbalizou que, na sua infância, conviveu muito com as artes plásticas, contando-me:

> Minha mãe é pintora. Então, a gente tinha cavaletes de pintura em casa. Minha irmã desenhava, e eu pintava. Eu vivia em um espaço onde podia criar e me expressar. Quando eu comecei a trabalhar com crianças é que eu relaxei mais, era muito complicado.

Isso corrobora com a idéia de que a escola onde essa professora trabalhou e o modo como foi formada para exercer a profissão de professora não lhe deram condições de seguir criando. Porém, no momento em que permitem e instigam sua reflexão sobre a importância de se promover um ambiente sensível à estética e à própria criatividade, isso novamente se manifestou. Na abordagem de Bronfrenbrenner (1996), em uma estrutura ecológica de relações, podemos interpretar que um ambiente distante da sala de aula atua como fator relevante nas interações que nela se estabelecem. Por esse motivo, é fundamental que estudemos os ambientes em que nos comportamos, para abandonarmos descrições particularizadas.

Por outro lado, chamou-me a atenção o depoimento de PB1 ao falar sobre sua dificuldade de reorganizar espaços até em sua própria casa, de como se sentia incompetente para adequar e criar novos espaços. Sobre esse aspecto, afirmou: "Acho bastante interessante essa proposta de reorganizar os espaços na sala de aula, mas sinto que preciso ser ajudada para mudar meus espaços". Se compararmos os espaços das três salas observadas, a desta professora foi a que menos alterações teve. Essa ajuda solicitada pela professora veio a se concretizar quase ao final do ano, após todo um processo em que a coordenadora apostou forte na reflexão e no estudo do grupo e na paciência de esperar o tempo de cada uma das professoras, tema que discutiremos na próxima seção.

Estratégias da coordenação: concretizando proposta

Aproximando-se o mês de novembro, a coordenadora pedagógica tinha muitas evidências de que as professores de NA e NB mudavam suas condutas, as quais se expressavam nas alterações feitas nos espaços de suas salas de aula, nos encaminhamentos dados às questões pedagógicas, nas suas próprias falas, como já demonstramos em muitos exemplos registrados neste trabalho. Naquela etapa do ano e naquele momento da caminhada iniciada no começo do ano letivo, a coordenadora julgou oportuno provocar a explicitação, de um modo mais concreto, das idéias das professoras, a respeito do espaço e de seus modos de atuação junto às crianças. Verifiquei no decorrer desta análise que, em um primeiro momento, as professoras expressavam através de suas idéias o desejo de mudar, e, aos poucos, isso foi se estruturando no plano de algumas modificações concretas, evidenciadas nas alterações realizadas em suas salas de aula.

Perrenoud (2002) nos diz que a prática reflexiva postula, de forma explícita, que a ação tem vínculos com uma forma de representação. O indivíduo sabe o que faz e, por isso, ele pode se perguntar sobre os motivos e os efeitos de sua ação.

Portanto, o momento do processo desenvolvido ao longo do ano indicava que as professoras tinham idéias do que desejavam alterar em seus espaços, e a forma de organizá-los tinha relação com os encaminhamentos pedagógicos e, com o trato com as crianças. PA, por exemplo, verbalizou:

> Eu acho que, em termos de organização do espaço, nós transformamos a sala de aula. Inicialmente, eu tinha um número de cadeiras e mesas, retirei algumas, porque percebi que as crianças precisavam de mais espaço para circular e brincar. Isso foi muito bom. Essa foi a primeira mudança, e ganhamos em termos de espaço. O grupo está bem mais tranqüilo para se organizar nas brincadeiras. O tapete que conseguimos foi bárbaro e, junto com as almofadas, forma o cantinho mais aconchegante da sala. As crianças, volta e meia, estão brincando neste espaço, é o canto preferido delas. Procuram muito os materiais como canetinhas, lápis, papel, massinha, que estão bem visíveis e ao seu alcance. Enfim, eu acho que o espaço mudou, e as crianças estão com mais autonomia.

Podemos constatar, nesta declaração, que a professora tem consciência das modificações ocorridas e de que isso fez parte de um processo que, pouco a pouco, veio se construindo. Malaguzzi (apud Edwards, 1999, p. 49) afirma que o papel dos adultos é tentar capturar os momentos mais adequados e, então, descobrir abordagens pertinentes para, em um diálogo produtivo, captar as interpretações das crianças.

Partindo desse entendimento para poder extrair o que é significativo para as aprendizagens infantis, é fundamental que a professora tenha a perspicácia de "ler" e "responder" ao seu grupo de alunos. Ao ser perguntada sobre a que atribuía a modificação ocorrida em sua sala de aula, respondeu:

> Bom, eu acho que foi a partir da observação de como as crianças brincam, do que gostam de brincar e de fazer... Eu fui pensando e conversando com elas. Elas propuseram algumas mudanças que não eram possíveis, como mudar o lugar do tanque. Nós tiramos o quadro-negro, que foi uma coisa importante, pois ocupava quase uma parede inteira. Eu quero colocar um quadro-negro menor, tipo cavalete. Eu atribuo isso àquilo que as crianças estavam pedindo e à minha observação do que estavam precisando. Há a cabaninha que montamos de vez em quando. Às vezes, eles brincam no canto de bonecas, fazem comidinha. Eu acho que toda essa mudança resultou da leitura do grupo.

Citando Perrenoud (2002), ao tratar da ação/reflexão na formação de professores, ele se remete aos postulados de Bourdieu quando descreve o que chamou de "ilusão da improvisação". Ela acontece quando os indivíduos inventam seus atos, sem perceberem a trama constante das decisões conscientes e de suas relações em situação de rotina. Resistimos muito à idéia de que somos movidos pelo *habitus*,[12] sem termos consciência, de identificar os esquemas[13] em jogo. Na espécie humana, os esquemas de alto nível são aprendidos à medida que se desenvolvem, a partir da formação e, posteriormente, da prática do profissional. A ação pedagógica dos professores acontece em um espaço que é social, porque sintetiza uma multiplicidade de relações, "dialogantes" entre si, refletindo as estruturas da sociedade nas quais se inserem.

A coordenação pedagógica percebeu que na prática construída ao longo de 14, 15 anos pelas professoras cristalizaram muitas repetições que impediam a proposição de novas formas de agir. Em um de nossos encontros, no início daquele ano, isso ficou claro quando a coordenadora mencionou sobre seu desafio de trabalhar com essas educadoras:

> As professoras (NA e NB) trabalham há muitos anos (14 e 16 anos) na Escola com uma concepção de criança, espaço e educação certamente diferente da

que proponho... Estruturam suas rotinas de modo muito semelhante. Se observar o modo como organizam suas salas, isso está mostrado também: são quase iguais.

Quase ao final do ano, a estratégia escolhida pela coordenação para instigar as professoras a alterarem com mais segurança e propriedade seus espaços foi a de planejar uma reunião de estudos subsidiada por um texto que embasava teoricamente a questão da organização dos arranjos espaciais[14] e a projeção de um vídeo que descrevia um projeto sobre a montagem de salas de aula,[15] o qual ilustrava os principais aportes teóricos contidos no texto. Apesar de outras leituras terem sido realizadas e discutidas ao longo do ano, a premissa que, de fato, moveu essa proposta da coordenação foi a de que a reflexão sobre a ação renova-se sempre, pois a prática pedagógica é eminentemente dinâmica e, todos os dias, novos elementos assumem papéis relevantes (Perrenoud, 2002).

Na declaração de PB2, pudemos ilustrar tal aporte teórico:

> No meu caso, eu trabalhava no NA, e tínhamos outra disposição da sala. Trabalhávamos em outro pavilhão. Nossas salas eram bem tradicionais. Com a entrada da nova coordenação, todas as vezes em que conversávamos, eu lhe dizia que eu não queria mais minha sala de aula como era, mas não sabia como mudar. Eu sentia muito "formalismo" na minha sala, como eu a arrumava. Acredito que tinha a ver com nossa preocupação de prepará-los para a 1ª série. Há coisas que dá para resolver na hora, outras não. Mas, quando eu olho minha sala, hoje, e como ela era em março e abril, eu já noto diferenças. Eu acredito que isso tem a ver com o modo que percebo hoje minha relação com as crianças e o papel que eu desempenho. Mas eu sei que há muitas coisas a mudar. Mas eu já observo outras atitudes nos meus alunos. Estão mais tranqüilos, brincam mais.

A rotina diária, por vezes, "anestesia" a professora, impedindo-a de ler os significados que as crianças vão dando às próprias atividades propostas. Segundo Barbosa (2000), é preciso refletir sobre e planejar as atividades cotidianas, percebendo o que existe de educativo, de socialização e de aprendizagem nas atividades propostas às crianças. Em um aparte de PA, constata-se essa premissa:

> Olhando minha caminhada durante o ano, também percebo o quanto eu mudei. As poucas coisas que eu já consegui mudar foram significativas para as crianças se tornarem mais calmas, mais independentes. Existem muitas coisas que posso mudar com eles. Por exemplo, às vezes, eu olho a sala do turno inverso e me dá uma vontade grande de mudar. Às vezes, no teu dia-a-

dia, você está tão habituada com as coisas, que é difícil mudar, trabalhar de uma forma diferente. É preciso tempo também para as mudanças, para se acostumar com elas.

Nesse momento, a coordenadora interveio, dizendo: "Quanto mais o espaço for povoado com objetos e cantos temáticos desafiadores para interação das crianças, mais aprendizagens serão construídas".

Na verdade, no entendimento dessa coordenadora, o espaço incita a um modo de agir. Dessa modo, é importante pensar sobre que coisas são possíveis de se fazer em um espaço, de um modo melhor do que no outro. Na verdade, muitas mesas, dispostas uma atrás das outras, não possibilitarão o encontro, o olhar-se entre as crianças, aspectos fundamentais em seu desenvolvimento. O lugar do tanque, por exemplo, nas salas observadas, vai oportunizar fazer mais ou menos coisas, vai possibilitar brincar de cabeleireiro ou comida para os bichos e para as bonecas que desempenham o papel de filhos nas brincadeiras infantis. Continuando em sua intervenção, a coordenadora falou:

> Aquela prateleira com brinquedos da casinha era usada para fazer comidas e dá-las às bonecas. Agora, abre-se outra possibilidade, que é o salão de beleza. Eu posso trazer rolos, secador de cabelo, posso fazer uma rampa no tanque e lavar cabelos das bonecas. Então, esse espaço que, em um dado momento, serviu para um tipo de enredo, pode transformar-se em outro. Esta mobilidade é fundamental. As crianças mudam, as atividades vão se enriquecendo.

A Professora do NB1 ainda comentou:

> Hoje vejo que as crianças podem estar fazendo coisas totalmente diferentes em sala. Isso pode ser visto na construção do castelo: enquanto uns se envolviam com essa atividade, outros faziam outros trabalhos. Havia momentos em que, por eles mesmos, trocavam de atividade entre si.

A PA também diz que o mesmo acontecia com o vale dos dinossauros que foi montado em sala, espaço procurado espontaneamente pelas crianças para brincar.

Podemos constatar, analisando as intervenções das professoras nessa reunião, dados reveladores de seus posicionamentos quanto ao modo de organizarem seus espaços nas salas de aula e sua postura pedagógica frente a isso. No depoimento das educadoras, evidencia-se como ponto comum a consciência de que não eram as mesmas professoras do início do ano, sobretudo porque foram "desacomodadas" nos modos como ministravam suas aulas, como se relacionavam com as crianças, como organizavam seus espaços. O fato de verem outros modos de organizar os espaços na educação infantil, nesse caso as salas de turno inverso, possibilitou-lhes constatar que as crianças que ali se relacionavam e trabalhavam faziam-no de um modo mais prazeroso. As professoras que ali atuavam não eram o centro das relações com as crianças; enfim, todo o aconchego, todo o acolhimento dado pelas cores e pela disposição dos móveis lhes mostravam uma realidade que, no mínimo, parecia ser melhor que as suas. Tinham muita clareza de que não basta mudar móveis, povoar de cores e aromas o espaço. Outras questões precisavam ser revistas, entre as quais, certamente, a questão pedagógica, que as levava a repensar seu papel em sala de aula. Essa é a perspectiva de Perrenoud (2001), ao falar sobre a urgência e sobre a incerteza como características da prática docente. Ele afirma que nem todos os professores agem sempre de maneira precipitada. Tudo vai depender da complexidade de seu ambiente e, em particular, da existência de um projeto rotineiro para sua classe ou de um projeto ambicioso e desafiador. Do mesmo modo, continua afirmando, a incerteza depende do contexto, mas também *da relação do professor com os outros, com o saber e com a vida.*

O trabalho da coordenação pedagógica da educação infantil da Instituição observada se utilizou de diferentes estratégias para estudar e refletir com os professores, conforme demonstrei ao longo deste trabalho. É importante considerar, mais uma vez, que a formação docente não é algo que se construa de imediato. Em muitas outras profissões, isso é possível através de cursos de curta duração que usam, por exemplo, uma tecnologia de ponta para aperfeiçoar e qualificar seus profissionais. Sabemos que em educação isso não se dá dessa forma.

De acordo com Yus (2001), os aspectos mais decisivos para a renovação pedagógica exigem, muitas vezes, mudanças de objetivos na tarefa profissional, na visão da educação, dos problemas sociais e pessoais e, em especial, na escala de valores morais e suas atitudes correspondentes, o que, certamente, não ocorrem de forma simplificada. Tais mudanças necessitam de um ambiente adequado e, sobretudo, de um tempo que é superior, muitas vezes, à urgência das demandas. Quando propôs a construção de um projeto sobre a reorganização dos espaços, a partir do texto e do vídeo, a coordenadora instigou as educadoras a refletirem sobre toda a trajetória de estudos e de discussões realizada ao longo do ano. Perrenoud (2002) diz que a reflexão é, na maior parte das vezes, prospectiva quando ocorre no planejamento de uma nova atividade. Longe do calor da ação, esse processo nem sempre é tranqüilo.

Porém, quando as mudanças vão acontecendo, marcas significativas são cunhadas ao longo do processo. Assim, como quando caminhamos na areia, as marcas dos nossos pés vão indicando onde queremos chegar. A seguir, trataremos de apontar as marcas significativas deixadas no último cenário.

CONCRETIZANDO MUDANÇAS: MARCAS SIGNIFICATIVAS

Era o mês de dezembro. Se lançarmos um olhar de forma retrospectiva ao mês de abril, mês em que o trabalho de coleta de dados se iniciou, tendo como foco as três salas de aula, perceberemos mudanças que, aparentemente, podem parecer pequenas. Porém, na realidade, elas retratam e foram cenário de profundas alterações nas interações entre as crianças, mas, sobretudo, no fazer pedagógico das professoras observadas e na constituição dos grupos. O lugar onde estavam cotidianamente se transformou em um espaço social, espaço de relações dialógicas, de criações e recriações, espaço de socialização e de desenvolvimento infantil, cujas dimensões do cuidar/educar articulados atingiram todo o processo e mobilizaram os saberes tanto das crianças como dos educadores e da coordenação pedagógica.

Figura 4.17 – Sala do Nível A/dezembro

No NA, um computador estragado foi introduzido para o brinquedo das crianças; foi colocado abaixo da prateleira de jogos, a qual já não tinha a mesma quantidade de materiais. Foram postos mais legos e instrumentos para desenhar, pintar e colar. O projeto em andamento, que tratava da origem da família das crianças, tinha um canto reservado, onde as crianças colocaram objetos trazidos de casa, como bandeiras de diferentes países. O canto da roda foi limitado por uma estante. O canto da casa, por exemplo, tinha mais objetos, como panelas, pratos, bonecos.

Figura 4.18 – Sala do Nível B1/dezembro

No NB1, a prateleira de jogos foi completamente reestruturada. Nela, havia muito mais materiais para compor trabalhos do que jogos e brinquedos estruturados que havia antes. O aparelho de som foi deslocado mais para o canto, fazendo uma limitação com um espaço dedicado ao projeto em andamento, com registros em cartazes sobre alimentos. Um brinquedo reproduzindo uma barraca de feira com caixa registradora e bandejas com frutas e legumes de plástico, classificados por tipo, completava esse espaço. Uma mesa baixa foi colocada para o jogo simbólico, com pratos e xícaras sobre ela.

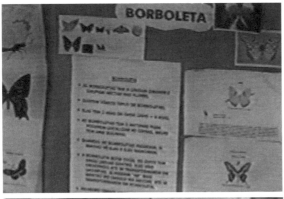

Figura 4.19 – Salas do Nível B2/dezembro

No NB2, o mural trazia informações sobre o projeto em desenvolvimento, o qual se referia aos animais. A borboleta e as informações sobre ela preenchiam o espaço. A prateleira de jogos sofreu uma grande reestruturação. Quase todos os que ali havia foram retirados. Nas caixas plásticas, havia panos, bijuterias, contas, papéis coloridos. Todo o material que as crianças utilizavam para realizarem suas atividades estavam à disposição delas. Legos e jogos de encaixe foram mantidos. A mesa da professora foi retirada. A professora colocou uma estante para demarcar a casa de bonecas, fazendo um recanto decorado com tapetes, almofadas e um armário com roupas de bonecas. Uma cesta forrada com pano xadrez tinha xícaras e pratos.

Como as crianças brincam:
os jogos que são jogados nos espaços criados

Retomando os aportes teóricos de Bronfenbrenner (1996), temos que o cenário é um lugar onde as pessoas podem iniciar com facilidade interações frente a frente. À luz dessa idéia, o cenário da sala de aula é considerado por ele um microssistema, unidade básica onde papéis e relações interpessoais são experimentados pelo indivíduo em desenvolvimento. Campos de Carvalho e colaboradores (2002) afirmam que o cenário da pré-escola é constituído por múltiplos fatores simbólicos, físicos e humanos, sendo permeado por uma complexa rede dinâmica de significações.[16] Ao se definir que os componentes individuais, os campos interativos e a matriz sóciohistórica se encontram relacionados de forma dinâmica, em princípio, no momento em que se modifica o arranjo espacial de um local ou qualquer outro elemento do cenário, poderão vir a se modificar outros elementos da rede. Desse modo, se acreditamos que a criança aprende em interação com outras crianças, em um meio que é eminentemente social, como conseqüência, a forma como dispomos os móveis e os objetos na sala de aula, assim como os relacionamentos que se estabelecem, serão fatores determinantes no desenvolvimento infantil.

Marcano (1989), interpretando Bronfenbrenner, afirma que é necessário abrir o ambiente escolar às influências do exterior em uma interação enriquecedora, de modo que a sala de aula seja um contexto natural de aprendizagem, não podendo estar isolado da realidade. Assim, um espaço que atenda às necessidades da criança de brincar, de jogar, de desenhar, ou seja, contexto naturalmente desafiador, é fundamental para seu desenvolvimento, para além do ambiente de sala de aula.

Encontro também em Mallaguzzi (1999) a afirmação de que os relacionamentos e a aprendizagem coincidem em um processo ativo de educação por meio das expectativas e habilidades das crianças, da competência profissional dos adultos e do próprio processo educacional. Podemos interpretar essa idéia à luz do entendimento de que o modo como as crianças aprendem não ocorre como um resultado automático do que lhes é ensinado, mas que isso se deve, em grande parte, ao protagonismo infantil, conseqüência de sua própria atividade e dos recursos que colocamos ao seu alcance. Se, em qualquer contexto, as crianças não esperam para apresentar questões para si próprias e para construírem estratégias de pensamento, isso será concretizado de modo muito mais qualificado em ambientes desafiadores. Pude constatar que, na organização da SB1, a introdução de novos elementos no espaço e o enriquecimento de cantos que já existiam deram mais vida ao espaço e propiciaram interações mais duradouras nas brincadeiras que as crianças realizavam. A reorganização de mesas e cadeiras permitiu uma maior possibilidade de circulação às crianças, e a utilização do aparelho de som como demarcação do canto destinado à biblioteca deu mais aconchego a esse espaço. Em uma de minhas observações nessa sala, encontrei duas crianças, recostadas em almofadas, "lendo" livros de histórias. Ao lado desse local, havia um castelo construído pelo grupo, ao redor do qual alguns meninos brincavam com bonecos Pokemons e miniaturas plásticas de dinossauros. No espaço ocupado pelo tanque, um salão de beleza foi instalado com objetos como pentes, secador de cabelo (de verdade, mas "sem funcionar") e potes de cremes vazios. Nesse espaço, três meninos brincavam de cortar, pentear, lavar os cabelos. No canto da casa, constatei que um grupo de meninas e um menino protagonizava um enredo de fazer comida, com panelinhas e pratos sobre uma mesa que tinha um guardanapo e, em uma cama improvisada, havia bonecos e panos. Sobre o tapete, um grupo de meninos brincava com um jogo de encaixe que haviam trazido de casa, o qual formava uma bola que se abria e fechava. Nesse cenário, em alguns momentos, a professora participava das atividades que transcorriam na sala de aula, fazendo perguntas às crianças, alcançando materiais. Constatei, além disso, que, em outras vezes, ela se colocava na porta da sala para observar crianças que brincavam no corredor e no pátio interno. Entre a disponibilização de novos materiais, percebi a inclusão de contas (para fazer colares e pulseiras) e observei que duas meninas as enfiavam em um fio de *nylon*, sentadas em uma das mesas da sala.

No cenário observado, um fato que merece destaque é o de as crianças usarem o corredor que dá acesso ao pátio interno como uma opção de atividade durante o brinquedo livre. Em alguns registros feitos neste trabalho, verifiquei que, antes, as crianças não podiam sair da sala de aula enquanto não fosse a hora do recreio. A atitude da professora, permitindo que isso acontecesse, deu mostras de seu entendimento de que os espaços de aprendizagem das crianças não se restringem às quatro paredes da sala de aula. Segundo Rinaldi (1999), as crianças devem sentir que toda a escola, incluindo espaço, material e projetos, valoriza e mantém sua interação e comunicação.

As modificações ocorridas nos espaços das salas de aula também mostraram cantos mais delimitados e povoados com objetos, congregando grupos maiores de crianças em torno deles. A disposição do mobiliário, ao permitir uma melhor circulação na sala de aula, modificou também a postura da professora em relação às interações com as crianças. Se, no início do ano letivo, o momento da rotina destinado ao brinquedo livre era utilizado, muitas vezes, para arrumar a sala e para fazer anotações em agendas, agora se observava uma maior interação da professora com as crianças ao dialogar com elas nos jogos com regras. Chamava atenção, igualmente, a forma como a educadora interferia nos conflitos entre as crianças. Em dado momento, os meninos que brincavam em torno do castelo eram "atacados" por um colega que, com uma espada, os machucava. Essa interferência não fazia parte do enredo, pois as crianças se queixavam do menino para a professora. Ela devolveu a solução do conflito ao grupo envolvido, intermediando somente quando algum impasse se criava. O fato de devolver para as crianças a resolução de suas desavenças evidencia o entendimento de que a construção da autonomia moral e intelectual acontece dentro de um mesmo processo. Kamii (2002) afirma que ser autônomo é governar a si mesmo, tanto na esfera moral como intelectual. Conforme essa autora, no sentido piagetiano do termo, ser autônomo no âmbito moral significa decidir por si próprio entre o certo e o errado. Nesse entendimento, quando ameaçamos crianças com punições ou a manipulamos com *subornos,* reforçamos sua heteronomia. No âmbito intelectual, a autonomia é construída no momento em que encorajamos as crianças a pensarem de seu próprio modo, *em vez de obrigá-las a darem respostas certas* (Kamii, 1991). Quando educadores adotam a autonomia como objetivo da educação, tudo o que fazem é afetado por esse princípio. As crianças aprendem a tomar decisões, tomando decisões; aprendem a jogar jogando.

Sobre a quantidade de materiais, observei, no início do ano, que havia um grande número de jogos e materiais "na prateleira dos jogos" que não eram utilizados. Diminuindo a quantidade de jogos e reclassificando-os, as professoras encaminharam também mudanças na interação das crianças com esses materiais. Marcano (1989) afirma que não é conveniente sobrecarregar o ambiente com excesso de mobiliário e de objetos desnecessários, já que as crianças não os utilizam. Deve-se considerar que é muito mais enriquecedor oferecer materiais diferentes em quantidade razoável do que grandes quantidades de materiais semelhantes. Desse modo, cada objeto posto no espaço deve conter por si mesmo um potencial de aprendizagem único e diferente dos outros.

De forma semelhante às modificações ocorridas no NB1, na SB2 também aconteceram transformações significativas, o que redundou em uma maior qualidade nas interações entre as crianças, corroborando para isso as limitações no espaço feita por tapetes e mesa baixa, e a divisão do espaço destinado à roda, à biblioteca e à reorganização de mesas e cadeiras. Em uma das observações feitas, constatei que as crianças se organizavam em torno de dois brinquedos: o de carrinhos na pista de legos, que construíram no tapete, e o do caminhão carregados de dinossauros com que as meninas brincavam. Foi interessante constatar que, nesse grupo, a partir de então, as meninas brincavam todas juntas, em geral, com um dos meninos. Quando não estavam brincando de bonecas e o menino produzindo roupas para elas, estavam envolvidas com bichos de pano. Naquela tarde, a brincadeira era colocar os dinossauros na caçamba do caminhão e empurrá-lo pela sala, aproveitando um maior espaço que a retirada de algumas mesas possibilitava. O grupo de meninos prosseguia brincando na pista de carros, modificando-a e fazendo alguns trechos elevados. A professora seguidamente os questionava sobre as modificações realizadas nas pistas e o modo como conduziam os carros. As atividades observadas naquela tarde foram mais duradouras que em outras ocasiões e feitas por grupos maiores que brincavam e jogavam juntos. Destacava-se, outra vez, a participação mais próxima da professora nas atividades escolhidas pelas crianças, desempenhando, todavia, um papel de "coadjuvante, e não de ator principal" nesse processo. Segundo Marcano (1989), escolher materiais abertos, o quais permitem múltiplos usos e, de certo modo, usos mais complexos, oportunizam uma interação mais prolongada, reduzindo a presença, a ajuda e a orientação do adulto. Malaguzzi (1999) também afirma que o modo como nos relacionamos com as crianças influencia o que as motiva e o que aprendem. O ambiente deve ser preparado de modo a interligar o campo cognitivo com os campos do relacionamento e da afetividade. Portanto, deve haver também conexão entre o desenvolvimento e a aprendizagem, entre as diferentes linguagens simbólicas, entre o pensamento e a ação e entre a autonomia individual e interpessoal.

A participação mais atuante das professoras de NB1 e NB2 junto aos seus alunos e a interação entre as crianças em cantos temáticos organizados nas salas de aula também se configurou na sala do NA. Em um dos encontros que tive com esse grupo, pude verificar que as crianças inicialmente se organizavam em torno de quatro atividades. Um grupo de meninos brincava sobre o tapete e sobre as almofadas com bonecos e carrinhos que eles trouxeram de casa. Faziam garagens, rampas e usavam os bonecos como protagonistas dos enredos de dirigirem os carros e consertarem os que estragavam. Um grupo de quatro meninas e um menino jogavam um bingo de letras, inicialmente contando com a participação da professora, sobre uma das mesas. É importante ressaltar que a seleção de alguns jogos mais relacionados à leitura e à escrita, organizados pela professora, atraíram significativamente a atenção das crianças. Em cima de um conjunto de mesas, três meninos jogavam com um tabuleiro do jogo "Trilha das Formigas". Na verdade, eles não seguiam uma regra; brincavam simbolicamente, fazendo uma corrida com suas peças. A professora, em dado momento, sentou com o grupo e ensinou-o a jogar conforme as regras do jogo.

O fato de a professora organizar o espaço de modo a instigar a autonomia moral e intelectual das crianças não minimiza seu papel de adulto no processo de interação das crianças com o ambiente e com os materiais e objetos colocados à sua disposição. Ao contrário, valoriza e ressalta a participação das crianças, reafirmando que elas são capazes, de modo bastante autônomo, de extrair significados de suas experiências cotidianas. Esse processo ocorre através de atos mentais que envolvem planejamento, coordenação de idéias e abstrações (Kamii, 1985). Assim, o papel principal dos adultos é o de ativar, de um modo indireto, a competência das crianças de extraírem significados que embasarão suas aprendizagens.

A palavra das professoras: evidências de mudanças de uma concepção pedagógica

Uma concepção pedagógica traduz-se ou, melhor dizendo, revela-se nas muitas facetas do cotidiano de um educador no modo como planeja suas aulas, na forma como interfere nos conflitos das crianças, nas escolhas teóricas que faz. Conforme afirmei anteriormente neste trabalho, em especial a organização do espaço da sala de aula retrata de forma explícita uma concepção pedagógica. Ao observarmos com cuidado esses espaços, conseguimos captar o clima e o estilo de trabalho da professora e de seus alunos. Conforme Edwards (1999), o visitante de qualquer instituição para crianças pequenas percebe as mensagens que o espaço transmite sobre a qualidade e os cuidados, e, em particular, sobre as escolhas didáticas que fazem parte do programa.

Do cotidiano das professoras observadas, vários foram os momentos em que elas evidenciaram modificações em sua ação, seja no trato com as crianças, seja na proposição de atividades, seja no planejamentos que realizaram. Especialmente na elaboração de um projeto sobre reestruturação dos espaços internos das salas de aula, isso ficou evidente. Ao explicar esse planejamento em uma das reuniões pedagógicas, a PA afirmou:

> Eu coloquei como meu objetivo geral tornar nossa sala de aula mais atraente e aconchegante, facilitando a autonomia principalmente das crianças. Busco sempre "ler" o que grupo está necessitando através de suas brincadeiras e diálogos, organizando, assim, um ambiente mais diversificado. No meu ambiente, atualmente, há prateleiras com jogos, mesas e alguns cantos já foram se modificando; por exemplo, o do vale encantado, que eles curtiram bastante. Agora, eu coloquei o mapa-múndi para mostrar de onde vieram as famílias, dentro do atual projeto. No começo eles curtiram, agora percebo que não ligam muito. Combinamos, então, de retirá-lo e colocamos desenhos com diferentes técnicas para enfeitar a sala. Acho que as coisas têm de identificar o grupo. Por isso, escolhi o nome do projeto: "Nossa sala, nossa cara".

À medida que essa professora se preocupou em oferecer um espaço que oportunizasse a autonomia das crianças, revelou a postura de entender que sua atuação na sala de aula não é a da figura que centraliza e concentra a partir de si todas as ações e atividades a serem desenvolvidas junto às crianças. Essa atitude vem ao encontro da concepção de que a criança aprende na interação com o ambiente, e, nessa premissa, ser autônomo faz parte do processo. Na teoria de Piaget, autonomia significa não o direito, mas a capacidade de governar a si mesmo, tanto na esfera moral como na esfera intelectual. Isso quer dizer que, na esfera moral, essa capacidade se refere a poder decidir entre o certo e o errado; na esfera intelectual, entre o adequado e o inadequado, levando em conta fatores relevantes independentemente de recompensas e punições (Kamii, 2002). Somado a isso, a atitude de observar seus alunos e, partindo disso, propor novos encaminhamentos também revela uma educadora que compartilha com eles o fazer pedagógico, atendendo às necessidades dos alunos por meio da organização do ambiente e do modo como encaminha atividades.

Na intervenção de PB1, podemos constatar a referência que faz ao planejamento do seu projeto, demonstrando também sua postura pedagógica frente ao trabalho com o grupo:

> Quando você falou em trabalhar junto com as crianças, eu me lembrei de um dos objetivos do meu projeto da reestruturação do espaço, é bem isso. Eu nomeei de "Nossos Cantos e Recantos". Meu objetivo principal é adequar os espaços da sala às necessidades e aos interesses das crianças, aproveitando os ambientes criados para trabalhar os assuntos escolhidos. Acho que é bem isso, além do brincar, usar os cantos e recantos como recurso de trabalho. Outro objetivo que tenho é trabalhar a autonomia e independência das crianças, proporcionando privacidade e, ao mesmo tempo, interação com o grupo. Através das "leituras" que eu fiz de como e onde meus alunos preferiam brincar, que atividades escolhiam com mais freqüência, tomei algumas decisões; por exemplo: diminuir as prateleiras nas laterais; fazer um levantamento dos jogos; colocar o armário de lado dividindo o ambiente; deixar alguns ganchos no teto para pendurar tecidos que façam toldos; trocar o quadro de giz por um menor; trocar o espelho por um menor e fazer o canto do cabeleireiro; colocar aí uma mesa suspensa; pôr lâmpadas ou luzinhas de natal; colocar arara para dividir o ambiente; tirar as prateleiras que estão ao lado do tanque e colocá-las no canto da leitura e da escrita, onde terão jogos com letras e uma mesinha pequena onde as crianças poderão jogar e escrever. Tirar os ganchos dos trabalhos e usar as pastas para isso. Os ganchos ocupam muito lugar, bem como as mochilas. Na verdade, nós trabalhamos muito tempo dentro de outra concepção. Antes eu propunha atividades iguais para todos, e tínhamos que concluir o trabalho juntos. Hoje vejo de outra maneira: percebo que podemos fazer coisas diferentes em tempos diferentes.

Assim como a PA, também ela teve a preocupação de montar seu projeto a partir das leituras que fez de seu grupo, do modo como as crianças brincam, de suas preferências por brinquedos e materiais. Freire (1983) afirma que é procurando compreender as atividades espontâneas das crianças que captamos seus interesses e preferências. Ao buscar usar os cantos da sala de aula como recursos para seu trabalho, a professora percebe que poderá possibilitar a autonomia das crianças que, conseqüentemente, tornar-se-ão independentes de sua figura para realizarem atividades. Tais atividades, por sua vez, constituirão fator preponderante na construção de competências. Conforme Zabalza (1998), o espaço na educação é constituído como uma estrutura de oportunidades. Esta é uma condição externa que dificultará ou facilitará o processo de desenvolvimento e aprendizagem das crianças. Como contexto de aprendizagem, constitui uma rede de estruturas espaciais, de linguagens, de instrumentos que favorecerão a interação professora-alunos e, desse modo, o ato de aprender sob essa perspectiva.

Podemos constatar a partir da descrição das três salas de aula citadas no início dessa abordagem que os projetos em desenvolvimento tinham um lugar destinado a objetos, gravuras e cartazes que se relacionavam com sua temática. Essa característica ficou mais evidente na SB2, pois a professora atrelou as questões referentes à reformulação do espaço a outro projeto em desenvolvimento, no caso, sobre os animais. Iniciou sua exposição afirmando:

> Denominei o projeto com o título "Espaço... passos". Este é um projeto que busca unir dois aspectos: a pesquisa sobre diferentes animais e, concomitante a isso, a reorganização do espaço. O grupo foi dividido para pesquisar sobre os animais escolhidos a partir de uma listagem. Eu achava que eles não dariam conta disso, mas eles estão me surpreendendo, está dando indo "tudo bem". Eles trazem materiais, descobrem coisas interessantes, como a pata dos ursos. Eles estão levantando hipóteses muito legais, tentam ler e escrever o que descobrem.Procuramos voltar o trabalho da sala de aula para essas questões, ou seja, à medida que trazem as informações, procuramos lugares adequados para expor o que aprendemos ou os objetos que trouxemos de casa. Hoje, por exemplo, uma das crianças foi apresentar suas descobertas sobre as leoas; então, foram até o painel dos ursos, que estava em um dos espaços da sala, comparando características físicas entre os dois animais, fizemos uma casa para as leoas e seus filhotes. A minha proposta dentro do trabalho é a de como articular o meu espaço; por isso, eu dei o nome do projeto de Espaços... passos, porque é aos pouquinhos que eu pretendo reorganizar esse ambiente, propiciando às crianças locais onde possam buscar informações, onde possam se sentir aconchegados... de sentir a fantasia. Eu tenho feito cantos bem de acordo com o texto que lemos da Rubiano, buscando preservar a privacidade, locais que possam interagir entre eles. Eles têm

interagido muito com o ambiente. Percebo que a minha mesa, que também foi retirada, era um "depósito", eu nunca sentava nela. Naturalmente as coisas se encaixaram. Onde poderíamos colocar as abelhas que confeccionamos e os painéis? Eles mesmos tiraram o painel da selva, colocando o das borboletas. Eles estão dando a solução para as coisas. Transformamos uma porta de treliça em mesa, buscamos outras almofadas.Eu acho que essas coisas estão mudando internamente minha postura como professora. Percebo como as atividades podem ir se estruturando a partir da reorganização e das possibilidades de ter novos espaços. Talvez os cantos fixos vão surgir com o tempo, a partir do próprio interesse das crianças.

Aportes importantes emergem do depoimento dessa professora. Destaco como fundamental o fato de verbalizar que as crianças a surpreenderam no modo como resolveram as situações que iam surgindo no cotidiano. Zabalza (1996) afirma que ensinar não é transmitir conhecimentos, entre outros motivos, porque não reflete a riqueza e a variedade das trocas que se produzem entre as crianças e a professora na sala de aula. As experiências desenvolvidas na escola de educação infantil remetem a aspectos funcionais específicos, como o que e como trabalhar, que tarefa propor em uma situação concreta; porém, não se deve esquecer de que um dos objetivos dessa etapa de ensino é proporcionar às crianças recursos para poder lidar com a realidade em que se inserem. Outro destaque importante no relato da professora é sua preocupação com a organização dos cantos, à proporção que o grupo mostra o uso e a necessidade deles atrelada aos avanços cognitivos em relação à temática que estudam. Isso se evidencia, por exemplo, na construção da casa da leoa, proposta por uma das crianças. Segundo Santomé (1998), o trabalho com projetos desenvolve-se com a finalidade de resolver problemas das crianças em sua vida cotidiana, como construir uma cabana, fazer uma horta, proteger um animal ferido. O desenvolvimento de um projeto em que a construção do espaço permite a vivência de ricas e variadas experiências certamente inclui a atuação de uma professora que protagoniza junto com seus alunos as situações de aprendizagem. Tal vivência revela uma educadora muito diferente daquela que, ao iniciar o ano letivo, ocupava uma mesa em um local bem central da sala, não podia prescindir de um quadro-de-giz bem grande para as crianças copiarem. Reapresenta uma professora que, segundo Freire (1992), entende que o desafio do educador é manter-se lúcido, diferenciando o que é história do sujeito que ele retoma naquele momento para poder devolver ao seu dono o que lhe pertence. Para isso, conta com um instrumento fundamental, que é a reflexão sobre a prática e sobre a teoria, juntamente com a avaliação e com o planejamento de sua ação cotidiana

O ponto em comum dos três relatos é, sem dúvida, a alusão ao texto que serviu de subsídio para a proposta de elaboração dos projetos. Os educadores consideraram em suas propostas as funções básicas, as quais, segundo David e Weinstein (1987) apontam no texto de Campos de Carvalho e Rubiano(1994), os ambientes deveriam proporcionar às crianças: identidade pessoal, desenvolvimento da competência, estimulação dos sentidos, promoção de segurança e confiança, oportunidades para o contato social e privacidade. Ao optarem por uma organização espacial disposta em arranjos semi-abertos, constituindo-se em cantos temáticos, os educadores buscaram desempenhar um papel descentralizador em suas ações pedagógicas, ao mesmo tempo em que permitiram a seus alunos a construção da autonomia moral e intelectual.

Estratégias da coordenação: valorizando as trajetórias

As férias que se aproximavam determinaram o tempo de decidir os encaminhamentos para o próximo ano letivo.

Enfatizando o trabalho em equipe e valorizando as experiência de cada um, a coordenação da etapa infantil reuniu o grupo pela última vez no ano de 2001. Durante todo esse ano, a proposta desenvolvida teve como aportes principais o trabalho em equipe e o respeito à caminhada de cada professora nas mudanças, principalmente relacionadas à reorganização dos espaços nas salas de aula. Assim, como havia uma intenção de tornar acolhedores e aconchegantes esses espaços, também a coordenação apostou no "acolher e aconchegar" nos encontros que promovia e que se concretizavam, como pudemos observar ao longo deste texto, no modo como as reuniões pedagógicas eram planejadas, no material impecável apresentado aos educadores, na forma como o espaço se organizava nesses encontros, no aroma dos incensos, no cheiro do bolo e do chá nas tardes mais frias. Essa postura se enquadra no que Yus (2002) chama de *escola convidativa*, ou seja, se as pessoas trabalham juntas, podem desenvolver uma escola convidativa, onde há o respeito à singularidade do indivíduo, onde reina o espírito cooperativo, onde exista um sentimento de pertencimento por parte dos integrantes do grupo, onde o ambiente é agradável e onde pairam expectativas positivas. Purkey e Novak (2002) afirmam que uma escola convidativa se parece muito com uma família convidativa. Essa semelhança se dá no oferecimento de um ambiente acolhedor e carinhoso, onde alunos e professores possam se sentir confortáveis e crescer. Para isso, é importante cuidar dos detalhes, para que sejam atraentes como sinais convidativos, os quais se manifestam no mobiliário e na decoração dos espaços. Podemos considerar que esse "clima amoroso" de escola vem ao encontro dos pressupostos que embasaram a criação da

Instituição observada, apontados nos capítulos iniciais deste livro. A reunião, que encerrou o trabalho desenvolvido no ano de 2001, evidenciou com muita propriedade esses aspectos.

Registro, em primeiro lugar, a escolha do local onde esse encontro aconteceu. Era uma ampla sala destinada a cursos e a encontros promovidos pela Escola. Através de uma parede toda de vidro se descortinava uma vista linda da cidade. Havia flores sobre uma mesa e taças para brindar, com champanhe, o ano que se iniciaria, além de uma bandeja com salgadinhos. Uma música de fundo completava o cenário, onde as cadeiras estavam dispostas em círculo. Esse cuidado ao organizar o ambiente transmitia às educadoras uma mensagem muito positiva de que também os adultos daquela Instituição são acolhidos em um ambiente que promove aconchego e revela respeito pelo bem-estar de todos. A coordenadora iniciou os trabalhos, elogiando a caminhada do grupo, o que denotava seu entusiasmo pelo trabalho desenvolvido:

> No meu ponto de vista, acredito que houve um crescimento grande do grupo. Percebi que as relações entre crianças e adultos, e entre crianças e crianças, foram muito beneficiadas. O ambiente realmente ajuda na construção dessas relações. Quando fizemos modificações no espaço, percebemos o quanto elas são significativas. Isso não acontece somente na escola. Em outros lugares, como restaurantes, por exemplo, muitas vezes, o que nos atrai é a forma como o ambiente é organizado.

Na seqüência deste encontro, a coordenação solicitou que as professoras comentassem o modo como viam seus arranjos espaciais de sala de aula e como entendiam sua prática nela. Ficou muito evidente, nas falas, a consciência de que a modificação do espaço foi se alterando paulatinamente, em uma ação conjunta entre crianças e professora, evidenciando que esse é um espaço solidariamente partilhado na sua ocupação. Conforme Freire (1986), a relação professor/alunos instrumentaliza algumas atividades significativas, carregadas no interesse e na curiosidade de aprender. Nesse tipo de relação, o professor desempenha um papel relevante na medida em que interage na construção do processo do conhecimento. Tais atividades foram tomando formas e cores, as quais, por sua vez, povoaram o espaço vivido pelas educadoras e por suas crianças.

Ao exporem suas avaliações, as professoras revelaram consciência de que muitas coisas haviam mudado. Nas suas palavras, principalmente, foi afirmada a mudança de uma concepção pedagógica. A primeira a se manifestar foi a PB1:

> Eu, em particular, que vinha trabalhando em uma proposta mais tradicional, na qual tudo tinha sua hora e seu lugar para ser feito, com a participação de

todo o grupo, percebo o quanto as modificações que eu fiz no espaço, que ainda não foram as ideais, contribuíram para o desenvolvimento da autonomia dos meus alunos. Meu trabalho foi muito mais facilitado, pois as crianças podiam fazer suas escolhas e trabalhavam de forma independente. Na realidade, no início do ano, pensei que, trabalhando com diferentes opções para as crianças, tudo se transformaria numa grande anarquia. Vejo como tudo flui com mais prazer nas tarefas que as crianças fazem. Cada vez entendo mais como nosso papel em sala de aula fica sendo o de observador e organizador. Eu espero poder transformar mais ainda meu espaço da sala.

Foi interessante constatar como as observações das professoras não se restringiam ao grupo de alunos. O olhar de sensibilidade "se espalhava" na escola como um todo, como atestam as palavras de PB2:

Lembro-me da J., sua aluna bem pequeninha. Como sua postura mudou no final do ano... mais solta, mais feliz. Cada vez mais me convenço do quanto é importante essa diversidade de espaços na sala, principalmente no aconchego. Ele não só deve aninhar as crianças nos braços, mas é também aconchegar com cores, objetos e brinquedos que acolham as crianças. Isso é o ambiente que proporciona. É bem como a PB1 colocou. Nós vínhamos em uma caminhada sem nos darmos conta do quanto a organização espacial pode contribuir para um trabalho mais descentrado da figura do professor.

Mais uma vez, fica evidenciado, no fazer pedagógico dessas educadoras, o desenvolvimento de uma prática reflexiva, mesmo que ainda incipiente. Isso chama minha atenção por não fazer parte do dia-a-dia da maioria dos professores e das professoras em nossa contemporaneidade. Perrenoud, em sua obra *A prática reflexiva no ofício do professor* (2002), discute exaustivamente tal questão, tanto na formação inicial dos docentes como na formação contínua. Entre outros aspectos, diferencia o que é refletir na ação e refletir sobre a ação, discutindo os pressupostos dos caminhos da profissionalização e da prática reflexiva. Nesse sentido, afirma que não há ação complexa sem reflexão durante o processo. Refletir durante o processo consiste em se perguntar o que está ocorrendo, o que vai acontecer e o que podemos fazer. Refletir sobre a ação já é algo diferente, pois tomamos nossa ação como objeto de reflexão, seja para compará-la com um modelo prescritivo, seja para explicá-la ou criticá-la. Desse modo, a reflexão não se limita a uma evocação, mas passa por uma crítica, por uma relação com outras ações, imaginadas ou realizadas em situações análogas. A partir do entendimento do que seja refletir, é importante que o professor possa aprender a ver com olhos observadores e reflexivos, a escutar o discurso que está sendo dito, a ler e a sentir o que está nas entrelinhas e nos gestos. Em especial na prática pedagógica voltada ao público infantil, é fundamental ter a sensibilidade de compreender o que realmente é necessário para aquele grupo de crianças, o que elas manifestam através de suas brincadeiras, de seus diálogos, dos enredos que compõem nos espaços que constroem e ocupam.

Como afirma Freire (1983), é procurando compreender as atividades espontâneas das crianças que o professor capta seus interesses. As propostas de trabalho expressam, desse modo, os interesses e as necessidades. No mesmo encontro referido anteriormente, isso pôde ser percebido na manifestação da PA:

> Ao longo do ano, fizemos várias modificações no espaço físico da sala de aula com o objetivo de proporcionar um ambiente prazeroso, desafiador, e, ao mesmo tempo, que proporcionasse possibilidades de desenvolvimento individual e coletivo. Observei que as mudanças mais significativas ocorreram principalmente comigo, ou seja, na minha maneira de trabalhar com as crianças. De alguma forma, fui percebendo o quanto centralizava atividades com minhas propostas, desejando que todo o grupo, ao mesmo tempo, participasse delas com interesse. Aos poucos, fui permitindo tempo e espaço para que as aprendizagens pudessem ocorrer de uma forma mais espontânea, mais envolvente. Ao mesmo tempo em que as trocas eram positivas, o grupo demonstrava que as regras não estavam claras. Tentei ajustes nesse sentido. No início, nossa sala era basicamente composta por mesas, cadeiras, prateleiras e armário. Notei que brincavam muito pouco com os jogos da sala, mas envolviam-se com os brinquedos trazidos de casa.

Se, no início do ano, as professoras, além de manifestarem resistência à nova coordenação, julgavam-se detentoras de uma prática pedagógica "absolutamente adequada e correta", ao seu final, tinham outra postura em relação a isso. As palavras da PB1 expressam com clareza que era outro o sentimento ao final do ano:

> Quando começamos um estudo sobre espaços na escola de educação infantil, eu parava para pensar e pensava que isso seria um pouco desorganizado, pois vinha de um trabalho no qual o professor era quem determinava as atividades e acreditava que esse era o melhor encaminhamento. Imaginem quanta pretensão e onipotência! Aos poucos, através de conversas, leituras, fotos e alguns vídeos, comecei a observar meus alunos e, com eles, a construir algumas modificações, delimitando alguns espaços em nossa sala. Estamos começando! Mas esse começo está muito cheio de crença dentro de mim. Percebi que as crianças estão mais autônomas e independentes, realizando brincadeiras de acordo com seus interesses, e não por determinação da professora. Está muito mais fácil o trabalho, pois o diversificamos durante a tarde. Ninguém precisa fazer tudo igual naquele momento. Uns brincam,

outros desenham, outros jogam. As crianças estão mais tranqüilas, as coisas fluem dentro de um espaço que é de extrema importância no nosso dia-a-dia, é nosso aliado, nosso parceiro!

As palavras da PB2 reforçam a de suas colegas:

Senti uma mudança significativa, tanto no comportamento das crianças como no meu próprio comportamento. Iniciei o ano com vontade de mudar, mas ainda não sabendo bem como nem por onde. Aos poucos, fui sentindo as crianças e propondo a mudança física da sala de aula. Notei o quanto o ambiente agia diretamente no interesse, na curiosidade, na organização e no sentimento deles e meu. Parece que fomos crescendo e nos descobrindo. A alegria fluía, passava por entre nós. Conforme o ano foi passando, fomos nos tranqüilizando e tomando posse de nosso espaço, moldando com a nossa cara cada canto e curtindo cada momento e cada canto.

Merece ainda ser destacada a relação que se estabeleceu entre as próprias professoras no sentido de se ajudarem mutuamente. Isto se deu, em particular, pelo entendimento por parte da coordenação pedagógica do que seja um trabalho em equipe ou um trabalho com um grupo de professores. Perrenoud (2001) afirma que incitar, e não obrigar, os profissionais a terem determinadas atitudes ou impor normas e regras de suas condutas é o caminho a ser seguido. Segue dizendo que normatizar o trabalho em equipe, muitas vezes, significa esvaziá-lo de seu sentido e criar estruturas frágeis em terrenos em que é preciso conciliar constantemente o movimento das pessoas nas suas relações interpessoais e na expressão de seus sentimentos. Por sua vez, incitar o trabalho em equipe sem obrigar sua realização é admitir uma certa desordem, um ir e vir que contém altos e baixos, avanços e retrocessos, envolvendo negociações permanentes. Todo o trabalho em equipe passa por crises, por discordâncias, o que certamente move o grupo a crescer. Madalena Freire (1992, p. 30) nos diz que o educador lida dia a dia com o ato criador. Utilizando a metáfora de uma orquestra, aponta o professor como o maestro que rege a música de todos, procurando sintonizar os diferentes instrumentos. Nessa sintonia, percebe as necessidades de seu grupo e o que cada um será capaz de fazer. Nesse sentido, será o regente das diferenças, socializando os saberes na construção do saber coletivo.

Na verdade, a coordenação pedagógica desse grupo apostou bastante no trabalho em equipe, onde cada um tivesse respeitada sua trajetória e, ao mesmo tempo, fosse peça importante de um conjunto que buscou harmonia em todo o processo. Portanto, é fundamental que se cultive nos contextos em que se vive e trabalha disposições para ser, saber, sentir e agir, entendendo a formação profissional do educador infantil como mudança ecológica. Sobre isso, Hargreaves e Fullan (1992) afirmam que as sementes do desenvolvimento não crescerão se lançadas em terreno pedregoso. Não se desenvolverá a reflexão crítica se não houver tempo e encorajamento para que se realize. Nesse contexto, os professores aprenderão pouco uns com os outros se trabalharem em persistente isolamento. Quando a inovação for imposta externamente por uma administração de mão pesada, será pouco provável que surjam processos de experimentação criativa.

Assim, em um trabalho solitário, o professor terá dificuldade de viver processos de experimentação criativa, pois seu crescimento profissional, de fato, depende muito do contexto onde ele estará.

É importante esclarecer que essa perspectiva de desenvolvimento profissional se assenta numa visão de mundo contextualizada, na qual é importante inserir a construção de novas formas de formação, nos próprios contextos dos quais emergem, de um modo não-linear. Essa dimensão pode ser lida a partir dos pressupostos de Bronfenbrenner (1996), tendo em vista que entendemos a ecologia do desenvolvimento profissional imersa em um processo de interação mútua entre o educador e o ambiente no qual ele se insere. Este, por sua vez, é influenciado pelas inter-relações de contextos vivenciais mediatos e imediatos que estimulam o educador.

NOTAS

1. Roda é a denominação dada a um dos momentos da rotina diária das classes de educação infantil, onde, sentadas em círculo, juntamente com o educador, as crianças conversam, contam experiências, ouvem histórias, planejam atividades, etc.

2. Esta música é bastante utilizada nas salas de aula da educação infantil, como um sinal para as crianças guardarem os brinquedos.

3. Legos é um jogo de encaixe e montagem com peças coloridas de diferentes formas. Permite muitas construções por parte de quem os manipula.

4. Brinquedo livre é a denominação geralmente dada ao momento da rotina de uma instituição de educação infantil, em que as crianças escolhem os jogos e os materiais com as quais desejam interagir.

5. Pokemons são bonecos de plástico, personagens de desenho animado apresentado na TV, alguns repesentando a figura do bem e outros do mal.

6. Esse relatório fala na construção do grupo de alunos em uma classe de NB e na conseqüente organização da rotina diária.

7. Eletronix é um brinquedo composto por letras de plástico que se transformam em bonecos semelhantes a robôs.

8. A idéia de construção de tempo social da infância é trabalhada por Philippe Ariès em sua obra *História social da criança e da família*, 1978.

9. Arara é aqui citada como um cabide no qual se colocam roupas e fantasias.

10. Vale lembrar que a questão da organização do espaço foi o fio condutor que a coordenação elegeu para iniciar seu trabalho nesta etapa de ensino.

11. Este é um tema profundamente estudado, entre outros autores, por Fernando Hernandez, professor titular da Universidade de Barcelona, Espanha. Esse autor discorre sobre este tema em várias obras como *A organização do ensino em projetos de trabalho*, (1996) *Transgressão e mudança na educação*, (1998) *Cultura visual, mudança educativa e projeto de trabalho* (2000) editados pela ARTMED, Porto Alegre.

12. Segundo Bourdieu (1989) *habitus*, como indica a palavra, é um conhecimento adquirido e também um existir com relação ao grupo de pertencimento; indica uma disposição incorporada.

13. Esquema é aqui entendido na perspectiva de Piaget, ou seja, é a estrutura da ação mental ou material, o invariante que se conserva de uma situação singular para outra. É a organização invariável da conduta em situações determinadas.

14. O texto selecionado para estudo foi "A organização do espaço em instituições pré-escolares", de Mara Campos de Carvalho e Márcia Rubiano, artigo publicado no livro *Educação infantil muitos olhares*, organizado por Zilma Oliveira. Este artigo aponta para a função fundamental que tem o ambiente físico social nas instituições educacionais.

15. O vídeo exibido registra a execução de um projeto desenvolvido em uma escola de educação infantil da rede privada de Porto Alegre, denominado "Construindo a adaptação à escola infantil para aprender prazerosamente", pertencente ao acervo da Central de Produções/FACED/UFRGS.

16. Cabe lembrar que Rede de Significações é o conjunto de fatores orgânicos, físicos, sociais ideológicos e simbólicos que formam uma rede. Ela constitui um meio, o qual, em cada momento e situação, captura, recorta o fluxo de comportamentos do sujeito, tornando-os significativos naquele contexto. (Rossetti-Ferreira, 1997)

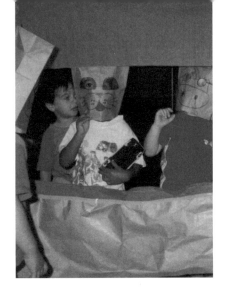

5

DAS VIVÊNCIAS...
ALGUMAS CERTEZAS

A utilização da metáfora da costura, descrita por Mussatti (2000) poderá auxiliar-me na exemplificação de como a articulação de idéias, de teorias e de dados empíricos permite a constatação de algumas certezas. Isto é, cada um dos fios representa um aspecto relevante, cujos sentidos entrelaçaram-se ao longo do percurso, constituindo, entre pontos e contrapontos, a reunião de diferentes panos, os quais se integram na trama do tecido.

Nesta tessitura, três fios sobressaem para compor o trabalho: o ato de brincar das crianças nos espaços das salas de aula; a fala das educadoras, retratando não somente sua linguagem oral, mas também o comportamento evidenciado em sua prática junto às crianças; as estratégias utilizadas pela coordenação pedagógica para transformar os espaços e, por seu intermédio, a prática pedagógica das educadoras.

As observações, as filmagens e as entrevistas realizadas ao longo do ano demonstraram que a maneira de brincar e de interagir das crianças era, de certo modo, dificultada por fatores como a falta de espaço, ocupado principalmente por mesas e cadeiras, pela localização inacessível de muitos dos jogos e brinquedos da sala de aula e pelo pouco uso deles. A função da professora era desempenhada de uma forma adultocêntrica, o que, de certa maneira, impedia ações, por parte das crianças, que as auxiliassem na construção de seus saberes.

Conforme já foi dito neste trabalho, a criança protagoniza ações, para as quais não é mandada, e tampouco dirigida. Constatei que, na realidade observada, o protagonismo infantil foi mostrando às educadoras que a forma de organizar o espaço poderia qualificar o ato de brincar quando materiais desafiadores foram postos à sua disposição, quando a delimitação do espaço da sala de aula por áreas ou cantos permitiu a descentração da figura do adulto e uma maior autonomia por parte das crianças, quando a professora interagiu com os alunos enquanto eles brincavam e jogavam. Um exemplo que ilustra tal afirmação ocorreu quando as crianças, ao brincarem com os bichos de pelúcia, encenando situações vividas em seus cotidianos, mostraram às professoras que a brincadeira seria mais qualificada se objetos alusivos ao faz-de-conta fossem acrescidos e organizados em um dos cantos da sala. Outra situação igualmente reveladora dos "recados" da necessidade de mudanças dados pelas crianças foi o quanto elas preferiam brincar e jogar com o que traziam de suas casas.

Todavia, este processo não foi unilateral, nem tampouco explicitou quem desencadeou por primeiro as transformações, e não seria relevante discutir quem foi seu ator principal. Ao puxar o outro fio da trama, cito o fazer pedagógico das professoras.

A prática pedagógica das educadoras, desenvolvida por muitos anos, mostrava uma postura tradicional que evidenciava, principalmente, a dificuldade de as professoras alterarem suas rotinas, entenderem que as atividades propostas às crianças deveriam ser únicas e realizadas por todas ao mesmo tempo. Tal concepção pedagógica é o que caracteriza a maioria das práticas realizadas nas instituições de educação infantil. No transcorrer de muitos estudos e, prioritariamente, a partir de uma prática refletida, essa postura começou a tomar outras nuances, as quais apostavam na capacidade das crianças de se autogerirem, de realizarem atividades diversificadas dentro de uma perspectiva que descentrava das figuras das educadoras a maior parte das ações desempenhadas pelas crianças, o que redimensionou o próprio papel das professoras.

Nesta tessitura, na medida em que essas profissionais foram subsidiadas por uma coordenação pedagógica que propunha estudos, discutia cenas de vídeos, dialogava e socializava diferentes práticas, o olhar para seus alunos era "permeado" por um referencial teórico que lhes permitia observarem, prestarem atenção nas brincadeiras das crianças e, ao mesmo tempo, refletirem sobre suas práticas. A "devolução" dessa leitura acontecia nas modificações que iam ocorrendo no espaço, em uma maior flexibilização da rotina diária, na ampliação do uso dos espaços que extrapolavam os limites da sala de aula; enfim, no abandono de uma postura pedagógica de trabalhar *para* a criança e o assumir a de trabalhar *com* a criança. Desse modo, reciprocamente, alunos e professoras foram se construindo e transformando-se. O espaço se constituiu pelo estabelecimento de múltiplas relações afetivas, cognitivas e sociais.

Nesse processo, a ação exercida pela coordenação foi a de desempenhar o papel da "linha" que, perpassando o pano, uniu e deu forma ao tecido. O modo de acolher e de "receber" as professoras legitimou aquilo em que a coordenação acreditava como sendo princípios essenciais que devem ser considerados na organização dos espaços das crianças: aconchegar, acolher e promover a construção de vínculos afetivos e cognitivos. Isso se explicitava nos encontros de estudos, na maneira como a coordenadora assessorava individualmente as educadoras, no preparo dos materiais que seriam utilizados nas reuniões, no respeito pelo saber dos outros e, sobretudo, na espera paciente de uma transformação que viesse do interior de cada professora, considerando seus tempos individuais. Em resposta a isso, a postura demonstrada por elas, inicialmente receosas e até certo ponto defensivas e resistentes à mudança, transformou-se em uma atitude de acatarem orientações, de buscarem acertar, de mudarem suas condutas pedagógicas e de acreditarem que isso seria possível. Um dos exemplos disso foi quando as professoras se propuseram a construir junto a suas crianças o projeto que reorganizou os espaços nas suas salas de aula.

Para dar visibilidade aos dados coletados, citei quatro cenários onde as crianças, as professoras e a coordenadora pedagógica da Instituição protagonizaram, como atores principais, um processo que não se desenvolveu de forma separada nessas três categorias. As relações entre todos os personagens estiveram sempre presentes nas análises realizadas, em razão, principalmente, do entendimento de que seus protagonismos não ocorriam de forma linear e, muito menos, desvinculados de fatores advindos de outros ambientes.

Cada cenário pode ser interpretado, conforme postula Bronfrenbrenner (1996), como um *microssistema ecológico,* cuja dinamicidade afeta, de acordo com esse estudo, o contexto institucional. É necessário considerar o individual e o grupo, a sala de aula e a instituição, as professoras e a coordenação pedagógica, as crianças e suas famílias, entendendo todos eles como influências no processo de um modo geral.

Acredito que a modificação da conduta pedagógica de educadores infantis pode ser instigada pelas transformações do espaço. Porém, isso não pode se constituir em um ato solitário, pois é, na verdade, parte de um processo que deverá envolver interação entre professores e crianças, entre crianças e crianças, entre a professora e o ambiente em transformação e entre a professora e a coordenação pedagógica. Logo, não existe um único fator determinante na modificação da prática pedagógica do educador. Isso é decorrência, reafirmo, do entrelaçamento dos fios de uma trama, composta pela ação refletida dos professores, pelo protagonismo das crianças e pelas intervenções daqueles que coordenam, em um trabalho contínuo de formação.

Cabe destacar, mais uma vez, o entendimento de que a construção do espaço é eminentemente social e entrelaça-se com o tempo de forma indissolúvel, congregando, de modo simultâneo, diferentes influências mediatas e imediatas, advindas da cultura e do meio nos quais estão inseridos seus atores.

As instituições educacionais fazem parte de um sistema e pertencem a uma dada sociedade. Nesse sentido, constrói-se uma rede de significações em que múltiplos fatores se congregam e dão visibilidade aos diversos fios que tecem o espaço social.

Reafirmo o quanto não basta organizarmos o espaço em cantos temáticos e colocarmos jogos e materiais à disposição das crianças sem que o professor tenha a consciência do desafio que isso impõe a elas. Se esse fosse o caminho escolhido pela coordenação pedagógica da Instituição retratada, certamente as modificações evidenciadas em suas práticas não teriam acontecido. O respaldo teórico dado às educadoras, através de um trabalho continuado de formação, foi decisivo nessa trajetória.

REFERÊNCIAS BIBLIOGRÁFICAS

ABUD, P. El modelo froebeliano de espacio-escuela: su introducion en España. *Revista História de la Educación,* Madrid, n.10, p.107 –133,1991.

ALVES, N. *O espaço escolar e suas marcas.* Rio de Janeiro: DO&A,1998.

ANDRÉ, M.; LUDKE, M. *Pesquisa em educação: abordagens qualitativas.* São Paulo: EPU, 1986.

ARIÈS, P. *História social da criança e da família.* Rio de Janeiro: Zahar ,1979.

AVILA, I. et al. Cenas do cotidiano da creche: um tempo de monotonia. Apud AVILA, I.S.; XAVIER, M.L.M. *Plano de atenção à infância: objetivos e metas na área pedagógica.* Porto Alegre: Mediação ,1997.

BARBOSA, M.C.S. *Por amor e por força:* rotinas na educação infantil. Tese (Doutorado). Faculdade de Educação, Universidade Estadual de Campinas, Campinas, 2000.

BOURDIEU, P. *O poder simbólico.* Rio de Janeiro: Bertrand Brasil, 1989.

BRONFENBRENNER, U. *A ecologia do desenvolvimento humano.* Porto Alegre: Artmed,1996.

CARVALHO M.C.; RUBIANO, M.B. Organização do espaço em instituições pré-escolares. In: MORAES OLIVEIRA, Z. (org.). *Educação infantil muitos olhares.* São Paulo: Cortez, 1994.

CARVALHO, M.C. et al. *Organização de ambientes infantis coletivos.* Ribeirão Preto: CINDE-DI/USP, 2002. (Texto digitado.)

CEPPI, G.; ZINI, M. (org.). *Bambini, spazi, relazioni.* Milão:Reggio Children,1998.

DAMATTA, R. *A casa & a rua.* Rio de Janeiro: Rocco, 2000.

EDWARDS, C. et al. *As cem linguagens da criança.* Porto Alegre: Artmed,1999

ESCOLANO, A.; FRAGO, A.V. *Currículo, espaço e subjetividade.* Rio de Janeiro: DP&A,1998.

FARIA, A.L.G. de. O espaço físico nas instituições de educação infantil. In: *Subsídios para Credenciamento e Funcionamento das Instituições de Educação Infantil.* Brasil: Ministério da Educação e Cultura. Brasília, Coordenação de Educação Infantil: Brasília, 1998.

FISCHER, R.M.B. *Estruturalismo e filosofia: Foucault.* Porto Alegre, s.n., 1999. (Texto digitado.)

____. Foucault e o desejável conhecimento do sujeito. *Educação e Realidade,* Porto Alegre, v.24, n.1, p.39-60, Jan./jun. 1999

FONSECA, C. *Família, fofoca e honra.* Porto Alegre: Ed. Universidade/UFRGS, 2000.

FORMOSINHO, J.O. O desenvolvimento profissional das educadoras de infância: entre os saberes e os afetos, entre a sala e o mundo. In: GOULART, A.L.F. (org.). *Encontros e desencontros em educação infantil.* São Paulo: Cortez, 2002.

____. Em direção a um modelo ecológico de supervisão de educadoras de infância. Apud *Revista Inovação,* Lisboa, v.10, n.1, p.45-55, 1997.

FORNERO, L.I. A organização dos espaços na educação infantil. In: ZABALZA, M. *Qualidade na educação infantil.* Porto Alegre: Artmed, 1998.

____. Dois olhares ao espaço ação na pré-escola. In: MORAES, R. (org.). *Sala de aula que espaço é este?* Campinas: Papirus, 1986.

____. Escola, grupo e democracia. *Paixão de Aprender,* Porto Alegre, n.3, p.30-37, ,jun.1992.

FRAGO, A.V. El espacio y el tiempo escolares como objeto histórico. *Contemporaneidade e Educação,* Madrid: Ano V, n. 7, p.31-42, set. 2000.

FOUCAULT, M. *Vigiar e punir.* Petrópolis: Vozes, 1989.

GALVÃO, I. *Henri Wallon: uma concepção dialética do desenvolvimento infantil.* Petrópolis: Vozes, 1995.

GANAZA, M. I. Evaluar los rincones: una práctica para mejorar la calidad en las aulas de educación infantil. *Aula de Infantil,* Barcelona: Editora Pilar Quera, p.25-31, fev. 2001.

GREENMAN, J. *Carings. Spaces, learning espaces: children's environments that work.* Redmond ,VA: Exchange Press,1988.

HADDAD, L. *A creche em busca de identidade.* São Paulo: Loyola, 1991.

HORN, M.G.S. Montaber: o cotidiano de uma creche. *Revista do Professor,* Rio Pardo: Ano 14, n.53, p.33-37, jan./mar.1998.

____. *O papel do espaço na formação e transformação do educador infantil.* Tese (Doutorado). Faculdade de Educação, UFRGS, 2003.

KAMII, C. *O conhecimento físico na educação pré-escolar.* Porto Alegre: Artmed,1985.

____. *Jogos em grupo.* São Paulo: Trajetória, 1991.

____. *Crianças pequenas reinventam a aritmética.* Porto Alegre: Artmed, 2002.

KOCH, D. Desafios *da educação infantil.* São Paulo: Loyola, 1985.

KUHLMANN, M. *Infância e educação infantil: uma abordagem histórica.* Porto Alegre: Mediação, 1998.

LIMA, M.S. *A cidade e a criança.* São Paulo: Nobel, 1989.

LOUGHIN, C.E.; SUINA, J.H. *El ambiente de aprendizaje. Diseno y organización.* Madrid: Morata/Mec,1987.

MANTONDON, C. Sociologia da infância: balanço dos trabalhos da língua inglesa. *Cadernos de Pesquisa,* São Paulo, n.112, p.33-60, mar. 2001.

MARCANO, B.T. *Talleres integrales en educacion infantil: una propuesta de organización del escenario escolar.* Madrid: Ed. de la Torre, 1989.

MINAYO, M.C.S. *O desafio do conhecimento: pesquisa qualitativa em saúde.* São Paulo: Hucitec-Abrasco, 2000.

MONTESSORI, M. *Pedagogia científica.* São Paulo: Flamboyant, 1965.

____. *Ideas generalares sobre mi método.* Buenos Aires: Losada,1948.

MORAES, R. (org.). *Sala de aula que espaço é esse?* Campinas: Papirus,1986.

MORAES OLIVEIRA, Z. *Relatório de pesquisa*. Programa de Aperfeiçoamento Científico. Faculdade de Ciências e Letras de Ribeirão Preto: 1998 (no prelo).

____. (org.). *Educação infantil muitos olhares*. São Paulo: Cortez,1994.

____. *Jogo de papéis: uma perspectiva para análise do desenvolvimento humano*. São Paulo: IPUSP, Tese (Doutorado),1988.

MOYLES,J. *Só brincar?* Porto Alegre: Artmed, 2002.

NADEL, J.; BEST, F. *La pedagogia de Henri Wallon Hoy*. Barcelona: Reforma de la Escuela S.A., 1982.

OLIVEIRA, M.K. *Vygotsky aprendizado e desenvolvimento*. São Paulo: Scipione, 1993.

PERRENOUD, P. *A prática reflexiva no ofício do professor*. Porto Alegre: Artmed, 2002.

____. *Formando professores profissionais*. Porto Alegre: Artmed, 2001.

____. *Ensinar: agir na Urgência, decidir na Incerteza*. Porto Alegre: Artmed, 2001.

____. *As competências para ensinar no século XXI*. Porto Alegre: Artmed, 2002.

PIAGET, J. *A noção de tempo na criança*. Rio de Janeiro: Record, 1973.

____. *Biologia e conhecimento*. Petrópolis: Vozes,1973.

POL, E.; MORALES, M. El espacio escolar, um problema interdisciplinar. *Cuadernos de Pedagogia*, Barcelona, n.86, p.5-12, 1982.

RABITTI, G. *À procura da dimensão perdida: uma escola de infância de Reggio Emilia*. Porto Alegre: Artmed, 1999.

RINALDI, C. Pedagogi: arredi. In: *Atelier3, Arredi per Infancia, Quattro Castella*, Reggio Emília, 1999.

ROSSETTI-FERREIRA, M.C. *Análise do desenvolvimento humano enquanto uma construção através de uma Rede de Significações*. Ribeirão Preto: CINDEDI/USP,1997. (Texto digitado.)

ROSSETTI-FERREIRA, M.C.; GOSUEN, A. *O meio interacional em transformação pelas novas tecnologias*. CINDEDI. USP, Ribeirão Preto,1999. (Texto digitado.)

ROSSETTI-FERREIRA, M.C.; VITÓRIA, T. Processo de adaptação de bebês na creche. *Cadernos de Pesquisa,* São Paulo, p.55-64, 1986.

SANTOMÉ, J. *Globalização e interdisciplinariedade*. Porto Alegre: Artmed, 1998.

SIROTA, R. Emergência de uma sociologia da infância: evolução do objeto e do olhar. *Cadernos de Pesquisa*, São Paulo, n.112, p.7-31, mar. 2001.

VECCHI, V. Grazia e cura come educacione. In: *Atelier3, Quattro Castella*, Reggio Emília, ISAFF,1999.

VYGOTSKY, L.S. *A formação social da mente*. São Paulo: Martins Fontes, 1984.

WALLON, H. *Origens do pensamento na criança*. São Paulo: Manole, 1989

WEREBE, M.J.G.; BRULFERT, J.N. *Henri Wallon*. São Paulo: Ática, 1986.

WINNICOTT, W. *O brincar e a realidade*. Rio de Janeiro: Imago,1976.

YUS, R. *Educação integral uma educação holística para o século XXI*. Porto Alegre: Artmed, 2002.

____. Formação ou conformação dos professores. *Revista Pátio,* Porto Alegre: Artmed, p.22-26, mai./jun. 2001.

ZABALZA, M.A. *Qualidade em educação infantil*. Porto Alegre: Artmed, 1998.

____. *Didáctica de la educacion infantil*. Madrid: Narcea, 1987.

Av. França, 954 - Navegantes - Cep 90230-220 - Porto Alegre - RS - Brasil
Fone: (51) 3303.5555 - web@graficaodisseia.com.br
www.graficaodisseia.com.br